U0941835

图书在版编目（CIP）数据

共谱政协新篇 / 全国政协办公厅研究室，中国人民政协理论研究会秘书处编 . -- 北京 ：人民日报出版社，2024. 12. -- ISBN 978-7-5115-8615-5

I. D627-53

中国国家版本馆 CIP 数据核字第 20249UR229 号

书　　名：共谱政协新篇
　　　　　GONGPU ZHENGXIE XINPIAN
编　　者：全国政协办公厅研究室　中国人民政协理论研究会秘书处

出 版 人：刘华新
责任编辑：程文静　杨晨叶
装帧设计：王立伟

出版发行：人民日报出版社
社　　址：北京金台西路2号
邮政编码：100733
发行热线：（010）　65369509
邮购热线：（010）　65369509
编辑热线：（010）　65363530
网　　址：www.peopledailypress.com
经　　销：新华书店
印　　刷：北京汇瑞嘉合文化发展有限公司
法律顾问：北京科宇律师事务所 010-83622312

开　　本：710mm×1000mm　1/16
字　　数：158千字
印　　张：14.5
版次印次：2024年12月第1版　2024年12月第1次印刷

书　　号：ISBN 978-7-5115-8615-5
定　　价：58.00元

编委会名单

代　序*

2024年9月20日，庆祝中国人民政治协商会议成立75周年大会在全国政协礼堂隆重召开，习近平总书记出席大会并发表重要讲话，充分体现了以习近平同志为核心的党中央对人民政协事业的高度重视。全国政协把学习宣传贯彻习近平总书记重要讲话精神作为一项重大政治任务，王沪宁主席第一时间主持召开党组（扩大）会议、主席会议、主席会议成员务虚会进行学习，10月9日至11日十四届全国政协第九次常委会会议进行了专题学习。全国政协机关和各专门委员会也组织开展了多种形式的学习贯彻活动。今天，

* 2024年10月31日，全国政协副主席兼秘书长、中国人民政协理论研究会会长王东峰在全国政协办公厅2024年第四季度理论研讨会上的讲话。

全国政协办公厅举办2024年第四季度理论研讨会，围绕“学习贯彻习近平总书记在庆祝中国人民政治协商会议成立75周年大会上的重要讲话精神，推动新时代新征程人民政协事业高质量发展”交流理论研究成果，目的是推动学习贯彻工作进一步走深走实，引导广大政协委员和机关干部更好用习近平总书记重要讲话精神武装头脑、指导实践，把学习成果转化为工作举措和履职成效。

刚才，12位同志结合思想和工作实际作了很好的交流发言，14位同志提交了书面发言材料。大家的发言政治站位高，研究思考深，对策建议实，既有对习近平总书记有关新思想新观点新论断的理论阐释，也有对贯彻落实习近平总书记重要讲话精神的实践思考，讲得很有见地，听后看后很受启发，对下一步研究和推进政协工作具有重要参考价值。办公厅研究室要会同中国人民政协理论研究会秘书处将大家的发言汇集成册，供全国政协委员和机关干部学习参考；同时会同新闻局做好理论研究成果的转化运用工作。下面，我也讲几点意见，同大家交流。

一、坚持政治站位，深刻认识学习宣传和研究阐释习近平总书记在庆祝大会上重要讲话精神的重大意义

习近平总书记在庆祝中国人民政治协商会议成立75周年大会上的重要讲话，高度评价人民政协的历史贡献，深

刻阐明人民政协的鲜明中国特色和显著政治优势，总结概括习近平总书记关于加强和改进人民政协工作的重要思想，对不断推动协商民主广泛多层制度化发展提出明确要求，对做好当前和今后一个时期人民政协工作作出全面部署，具有很强的政治性、思想性、指导性，为新时代新征程人民政协事业高质量发展指明了前进方向、提供了根本遵循。人民政协作为中国共产党领导的政治组织和民主形式，做好习近平总书记重要讲话精神的学习宣传和研究阐释，不仅是履职的基础性工作，更是重大政治任务，必须从政治上认识和把握。

第一，做好习近平总书记重要讲话精神的学习宣传和研究阐释，是坚持党对人民政协全面领导、确保正确政治方向的必然要求。习近平总书记强调："党的领导是做好党和国家各项工作的根本保证"、"我国社会主义政治制度优越性的一个突出特点是党总揽全局、协调各方的领导核心作用"；强调"党的领导是全面的、系统的、整体的，必须全面、系统、整体加以落实"。习近平总书记在庆祝中国人民政治协商会议成立 75 周年大会上的重要讲话中强调了"十个坚持"，首要的一条就是"坚持中国共产党对人民政协的全面领导"，并对"政协党组发挥好把方向、管大局、保落实的领导作用"、"健全落实中国共产党对政协工作领导的组织体系和制度机制"、"坚持用改革精神和严的标准管党治党"等作出重要部署。坚持党的领导是具体的而不是抽象的，必须在党的基本理论、基本路线、基本方略上保持高度一致，在涉及党的领导和道路、制度等重大原则问题上保持高度一致，在贯彻落实党中央重大决策部署和习近平总书记重要指示批示精神上保持高度一致。加强习近平总书记重要讲话精神的学习宣传和研究阐释，就是要引导广大政协委员和政协机关干部深刻认识坚持党的全面领导是新时代人民政协事业高质量发展的根本保证，深刻领悟“两个确立”的决定性意义，增强“四个意识”、坚定“四个自信”、做到“两个维护”，切实把思想和行动统一到习近平总书记重要讲话精神上来，增强学习贯彻的思想自觉和行动自觉。

第二，做好习近平总书记重要讲话精神的学习宣传和研究阐释，是加强思想理论武装、巩固团结奋斗共同思想政治基础的重要举措。习近平总书记强调：“思想统一是政治统一、行动统一的基础。在政治上行动上同党中央保持高度一致，首先要在思想上同党中央保持高度一致”；强调“理论修养是领导干部综合素质的核心，理论上的成熟是政治上成熟的基础，政治上的坚定源于理论上的清醒”。习近平总书记在庆祝中国人民政治协商会议成立75周年大会上的重要讲话中强调：“不断巩固团结奋斗的共同思想政治基础。坚持和发展中国特色社会主义是巩固共同思想政治基础的主轴，新时代中国特色社会主义思想是统揽政协工作的总纲。”人民政协是大团结大联合的象征，是一致性和多样性的统一体。做好习近平总书记重要讲话精神的学习宣传和研究阐释，就是要以理论上的清醒筑牢政治上的坚定、以思想自觉引领行动自觉，引导广大委员和机关干部在深学细悟中凝心铸魂、强基固本，做到政治上团结合作、思想上共同进步、行动上步调一致。

第三，做好习近平总书记重要讲话精神的学习宣传和研究阐释，是提升政治能力和履职本领、推动人民政协事业高质量发展的现实需要。习近平总书记强调："我们党之所以能够在革命、建设、改革各个历史时期取得重大成就，能够领导人民完成中国其他政治力量不可能完成的艰巨任务，根本在于掌握了马克思主义科学理论"；强调"要不断深化理论研究阐释，重点研究阐释我们党提出的新理念新论断中原理性理论成果，把握相互的内在联系，教育引导全党全国更好学习把握新时代中国特色社会主义思想的理论体系"；强调"要常态化开展委员读书、理论学习和政治培训，更好把学习成效转化为政治协商、民主监督、参政议政的能力本领，转化为高水平履职尽责的工作实践"。习近平总书记在庆祝中国人民政治协商会议成立75周年大会上的重要讲话高屋建瓴、精辟深邃、内涵丰富，闪耀着马克思主义的真理光辉。我们要把习近平总书记重要讲话的道理、学理、哲理学习研究透彻，真正做到既知其义又明其理，既知其然又知其所以然，从中汲取奋发进取的智慧和力量，掌握其中蕴含的领导方法、思想方法、工作方法，找准履职工作的方向重点，推动新时代新征程人民政协工作高质量发展。

二、坚持学深悟透、凝心铸魂，科学把握习近平总书记关于加强和改进人民政协工作的重要思想的内涵要义

党的十八大以来，习近平总书记就人民政协工作发表一系列重要讲话，提出一系列新思想、新观点、新论断，深刻阐述事关人民政协事业长远发展的一系列方向性、全局性、根本性问题，形成习近平总书记关于加强和改进人民政协工作的重要思想。习近平总书记在庆祝中国人民政治协商会议成立75周年大会上的重要讲话中用“十个坚持”高度概括了这一重要思想的主要内容，体现了习近平总书记对人民政协历史经验和工作规律的深邃思考和深刻把握，是新时代新征程做好人民政协工作的根本指针，必须完整、准确、全面学习领会和贯彻落实。

第一，把握“两个结合”，深化对中国化时代化马克思主义的认识。中国共产党团结带领人民奋斗的一条基本经验，就是始终坚持马克思主义的指导地位，把马克思主义基本原理同中国具体实际相结合、同中华优秀传统文化相结合。习近平总书记关于加强和改进人民政协工作的重要思想，继承和发展马克思列宁主义统一战线理论，阐明人民政协作为统一战线组织存在和发展的重要性和必要性，强调充分发挥人民政协的作用，不断为党和国家事业发展增添力量；继承和发展马克思列宁主义政党理论，阐明人民政协作为中国共产党领导的多党合作和政治协商重要机构的特点

和优势，坚持和完善我国社会主义新型政党制度，支持各民主党派和无党派人士更好履职尽责；继承和发展马克思列宁主义民主政治理论，阐明人民政协在我国政治生活中的作用，强调善于运用人民政协这一民主形式，不断发展社会主义民主政治，建设社会主义政治文明。这一重要思想还深深植根于中华文化土壤，创造性运用了中华优秀传统文化中的价值观念和政治理念。比如，人民政协致力实现国家富强、民族振兴、人民幸福，体现了天下为公、追求大同的社会理想；鼓励不同思想观点的交流交融，体现了崇尚和合、求同存异的价值理念；敢于提出、善于吸纳批评性意见和建议，体现了直言不阿、从善如流的政治品格；等等。这些都表明习近平总书记关于加强和改进人民政协工作的重要思想，是适应中国特色社会主义新时代的形势任务，坚持把马克思主义基本原理同中国具体实际相结合、同中华优秀传统文化相结合，在实践创新基础上推进人民政协理论创新的最新成果，是“两个结合”的生动实践和光辉典范。

第二，把握“十个坚持”，全面系统领会精神实质和核心要义。习近平总书记在庆祝中国人民政治协商会议成立75周年大会上的重要讲话中概括的“十个坚持”深刻阐明了事关人民政协事业长远发展的一系列方向性、全局性、战略性重大问题。其中，第一条是“坚持中国共产党对人民政协的全面领导”，深刻阐明人民政协事业发展进步的根本保证。第二条是“坚持人民政协性质定位”，深刻阐明了人民政协“是什么”。第三条至第六条分别为“坚持发挥人民政协作为专门协商机构作用”“坚持和完善我国社会主义新型政党制度”“坚持大团结大联合”“坚持把加强思想政治引领、广泛凝聚共识作为中心环节”，深刻阐明了人民政协“干什么”。第七条至第十条分别为“坚持聚焦党和国家中心任务履职尽责”“坚持人民政协为人民”“坚持强化委员责任担当”“坚持以改革创新精神推进履职能力建设”，分别阐明了人民政协的履职方向、价值取向等，深刻阐明了人民政协“怎么干”。对这“十个坚持”，我们既要逐条深入研究蕴含其中的丰富内涵，又要贯通起来整体领会把握，做到全面系统学深悟透。

第三，把握实践要求，善于从科学理论中汲取守正创新的奋进动力。实践性是马克思主义理论区别于其他理论的显著特征。习近平总书记关于加强和改进人民政协工作的重要思想，是从新时代人民政协事业发展实践中产生的理论结晶，又是推动新时代人民政协事业高质量发展的科学指南。党的十八大以来，我国社会主要矛盾发生转变，人民政协事业发展面临着新形势新问题。伟大时代产生伟大理论，伟大理论指引伟大实践。以习近平同志为核心的党中央把人民政协事业发展纳入党和国家工作大局统筹谋划，全面加强党对人民政协的领导，阐明人民政协是社会主义协商民主的重要渠道和专门协商机构，召开中央政协工作会议，出台《中国共产党统一战线工作条例》《中国共产党政治协商工作条例》，就加强和改进人民政协工作等作出一系列重大部署，形成一系列理论成果、实践成果和制度成果。习近平总书记关于加强和改进人民政协工作的重要思想，是推进人民政协事业发展丰富实践的思想升华、智慧结晶和理论总结，不断探索新时代人民政协事业发展的新特点新规律，坚持基本原理又根据新的时代条件作出新论述，坚持总结历史经验又根据新的实践经验作出新概括，坚持立足中国实际又放眼世界作出新论断，进一步丰富和发展了党的人民政协理论，具有守正创新、与时俱进的理论品格，谱写了马克思列宁主义统一战线理论、政党理论、民主政治理论发展新篇章，标志着我们党对人民政协工作的规律性认识达到了新的高度，成为习近平新时代中国特色社会主义思想的重要组成部分，必须切实用以武装头脑、指导实践、推动工作。

三、坚持学以致用、知行合一，把学习研究习近平总书记重要讲话精神的成果转化为人民政协事业高质量发展的生动实践

学习的目的在于运用，理论研究的目的在于指导实践。我们要把习近平总书记在庆祝中国人民政治协商会议成立75周年大会上的重要讲话精神落实到人民政协工作各方面和全过程，把科学理论的真理力量转化为推动实践发展的强大动力，努力推动新时代人民政协事业高质量发展。

第一，加强思想政治建设，坚决做到“两个维护”。新时代人民政协工作之所以取得历史性成就、人民政协制度之所以更加成熟更加定型，根本在于以习近平同志为核心的党中央坚强领导，在于习近平总书记领航掌舵，在于习近平新时代中国特色社会主义思想科学指引。人民政协是党领导的政治组织，政协机关是政治机关，必须旗帜鲜明讲政治，深刻理解人民政协制度和人民政协组织的鲜明政治属性，发扬优良传统，牢记政治责任，牢牢把握坚持党的全面领导特别是党中央集中统一领导的最高政治原则，始终在政治立场、政治方向、政治原则、政治道路上同以习近平同志为核心的党中央保持高度一致，把坚持和发展中国特色社会主义作为巩固共同思想政治基础的主轴，把习近平新时代中国特色社会主义思想作为统揽政协工作的总纲，把党的全面领导实实在在体现到谋划工作、履行职能、自身建设全过程各方面。

第二，准确把握人民政协性质定位，坚定不移走中国特色社会主义政治发展道路。习近平总书记在庆祝中国人民政治协商会议成立 65 周年大会、中央政协工作会议暨庆祝中国人民政治协商会议成立 70 周年大会上的重要讲话中，都对人民政协性质定位作出重要论述。习近平总书记在庆祝中国人民政治协商会议成立 75 周年大会上再次强调要“坚持人民政协性质定位”。这充分反映了人民政协性质定位事关人民政协事业的方向和使命，事关中国特色社会主义政治发展道路，是做好人民政协工作的前提和基础。我们要从人民政协75年光辉历程中，从团结和民主两大主题辩证关系中，从政治协商、民主监督、参政议政主要职能中，深刻理解人民政协的鲜明中国特色和显著政治优势，深刻把握参政不行政、建言不决策、监督不强制的履职要求，更好把坚持性质定位和发挥优势作用有机统一起来，做到履职尽责不越位、不缺位、努力到位，为党和国家事业发展作出应有贡献。

第三，坚持围绕中心服务大局，锚定中国式现代化目标任务凝心聚力。深刻理解人民政协“是什么”，是为了更好把握人民政协“干什么”。习近平总书记在庆祝中国人民政治协商会议成立75周年大会上的重要讲话中强调“充分发挥专门协商机构作用，为推进中国式现代化广泛凝聚人心、凝聚共识、凝聚智慧、凝聚力量”。我们要发挥人民政协人才荟萃、智力密集的优势，聚焦推进中国式现代化的战略重点，紧扣党中央关心、人民群众关切、全社会关注的重大问题，特别是进一步全面深化改革需要破解的突出问题、制约高质量发展的堵点问题、影响社会公平正义的热点问题、民生方面的难点问题、各领域的风险问题等，深入调研、深度协商，强化监督、助推落实。要完善发挥统一战线凝聚人心、汇聚力量政治作用的工作机制，增强团结联谊、谈心交流等工作实效，深入开展委员联系界别群众工作和委员履职“服务为民”活动，多做强信心、聚民心、暖人心、筑同心的工作。要落实好党的二十届三中全会关于健全协商民主机制的改革任务，加强反映社情民意、联系群众、服务人民机制建设，健全深度协商互动、意见充分表达、广泛凝聚共识机制，完善民主监督机制，持续推进政协工作制度化、规范化、程序化，更好把人民政协制度优势转化为国家治理效能。

第四，加强“两支队伍”建设，为新时代新征程人民政协事业高质量发展提供坚强保障。政协委员是政协工作的主体，机关干部是政协工作的服务保障力量。习近平总书记在庆祝中国人民政治协商会议成立75周年大会上的重要讲话中，强调“建设一支懂政协、会协商、善议政，守纪律、讲规矩、重品行的政协委员队伍，是人民政协高质量履职的重要保障”。强调“加强政协领导班子和干部队伍建设，优化配备结构”。十四届全国政协把加强“两支队伍”建设摆在突出位置，制定充分发挥全国政协委员履职作用的实施意见，制定关于高质量服务政协委员、建设委员之家的意见，明确健全联络服务委员常态长效机制；举办新任委员学习研讨班、委员专题学习研讨班和各级政协干部专题培训班等。我们要深入贯彻落实习近平总书记关于“两支队伍”建设的重要要求，精心做好政协委员服务管理工作，为委员履职创造良好条件，建设委员之家、民主之家、团结之家。要深化政治机关建设，倡导精益求精、追求极致的工作作风，在实践中锻造忠诚干净担当实干的干部队伍。

目 录 MULU

深刻把握习近平总书记关于加强和改进人民政协工作的重要思想的文化基础、理论基础和实践基础

龚维斌

作为从中国土壤中生长出来的制度安排，人民政协是承载着中华民族价值观念的独特民主形式，具有鲜明的中国特色，是中国人民坚定不移走中国特色社会主义政治发展道路的生动写照。

习近平总书记关于加强和改进人民政协工作的重要思想，是人民政协成立75年来特别是新时代以来人民政协事业发展经验的集中体现，是把马克思主义基本原理同中国具体实际相结合、同中华优秀传统文化相结合，在实践创新基础上推进人民政协理论创新的重大成果，为新时代新征程做好人民政协工作提供了根本遵循。

习近平总书记关于加强和改进人民政协工作的重要思想是“两个结合”的生动范例，具有深厚的文化基础

恩格斯指出：“每一个时代的理论思维，包括我们这个时代的理论思维，都是一种历史的产物，它在不同的时代具有完全不同的形式，同时具有完全不同的内容。”“第二个结合”，是我们党对马克思主义中国化时代化历史经验的深刻总结，是对中华文明发展规律的深刻把握，表明我们党对中国道路、理论、制度的认识达到了新高度，表明我们党的历史自信、文化自信达到了新高度，表明我们党在传承中华优秀传统文化中推进文化创新的自觉性达到了新高度。无论是人民政协的独特性质还是其特有地位，都立足中华优秀传统文化，吸收和赓续蕴含其中的独特治国理政经验智慧，其性质定位、主要职能、工作方式等与中华优秀传统文化中的精华内容内在一致、高度契合。中华文化崇尚“中和”精神，“天人合一”“忠恕仁和”“合群睦众”等观念成为人民政协实践协商民主的有益思想资源；中华民族天下为公、兼容并蓄、求同存异等优秀政治文化传统中“商量”的施政传统，“集议”“谏议”的朝议制度，“清议”“乡议”的民间议事活动等，在中国的璀璨文明和悠久历史中积淀醇厚，为人民政协实践协商民主提供了深厚滋养。作为从中国土壤中生长出来的制度安排，人民政协是承载着中华民族价值观念的独特民主形式，具有鲜明的中国特色，是中国人民坚定不移

走中国特色社会主义政治发展道路的生动写照。

习近平总书记关于加强和改进人民政协工作的重要思想是对马克思列宁主义的坚持和发展，是人民政协理论发展的最新成果，具有深厚的理论基础

人民政协的理论基石是马克思列宁主义统一战线理论、政党理论和民主政治理论。马克思列宁主义的基本观点为中国共产党人理解国情和发展规律提供了科学的方法，人民政协的创建则体现了对这一理论的创造性转化。党的十八大以来，以习近平同志为核心的党中央围绕人民政协的性质、作用、主题、任务、职能、原则等重大理论问题，提出了一系列重要思想和观点，形成了科学系统的人民政协理论，成为马克思主义中国化时代化的重要组成部分。习近平总书记关于加强和改进人民政协工作的重要思想，首次阐明做好人民政协工作必须坚持中国共产党的全面领导，首次阐明人民政协是社会主义协商民主的重要渠道和专门协商机构，首次阐明我国新型政党制度的特点和优势，首次阐明人民政协履职工作的中心环节，首次阐明人民政协为人民的价值追求，首次阐明以改革创新精神推进履职能力建设，凝结着对新时代人民政协使命任务、工作规律的深刻认识和把握，在继承的基础上对党的人民政协理论作出原创性贡献。

马克思列宁主义统一战线理论为人民政协的创立和发

展奠定了坚实的理论基础。习近平总书记指出："在百年奋斗历程中，中国共产党始终把统一战线摆在重要位置，不断巩固和发展最广泛的统一战线，团结一切可以团结的力量、调动一切可以调动的积极因素，最大限度凝聚起共同奋斗的力量。爱国统一战线是中国共产党团结海内外全体中华儿女实现中华民族伟大复兴的重要法宝。"统一战线最初是一种联合战略，旨在通过不同社会政治力量的合作，达成共同的目标。19 世纪中叶，马克思和恩格斯在总结无产阶级革命斗争经验、创立科学社会主义的过程中，首次提出了无产阶级统一战线理论。1848 年，马克思和恩格斯对当时的欧洲革命进行了深入分析，认为无产阶级的成功必须依赖于各阶级之间的团结与联合。他们通过建立国际工人协会，阐述了无产阶级统一战线的原理，主张加强各国工人之间的合作，只有在团结的基础上，才能更有效地对抗资本主义的压迫。通过这一系列的理论和实践，马克思列宁主义将统一战线的重要性提升到无产阶级解放全人类的高度，这为人民政协组织的创立和发展提供了理论依据。

马克思列宁主义政党理论在中国实现了本土化，使人民政协成为多党合作的重要机构。马克思主义认为，共产党人为了完成历史使命，必须努力争取"民主政党之间的团结和协调"。在对待其他民主党派时，马克思、恩格斯强调必须维护无产阶级的独立性和阶级特征，注重政党之间的团结与合作。中国共产党在长期的奋斗中，坚持马克思列宁主义政党理论的基本原理，形成自己的政党理论并不断加以完善。按照这一理论，中国共产党是中国工人阶级的先锋队，同时是中国人民和中华民族的先锋队，是中国特色社会主义事业的领导核心。各民主党派是同中国共产党风雨同舟、团结奋斗的亲密友党，是参政党。长期共存、互相监督、肝胆相照、荣辱与共是我国多党合作的基本方针。中国共产党领导的多党合作和政治协商制度是中国的一项基本政治制度，是中国新型政党制度。

马克思列宁主义民主政治理论为人民政协协商民主提供了重要依据。民主的含义在历史发展中不断丰富，从最初的“人民的权利”演变为多种形式的国家治理方式。马克思主义经典作家通过分析人类的民主实践，尤其是巴黎公社和十月革命的经验，揭示了民主政治的内涵与本质特征。他们指出，民主政治是一种建立在特定经济基础上的国家制度，是阶级统治与国家管理的统一。民主不仅是一种形式，更是一种社会关系的体现，强调无产阶级在管理国家事务中的主导地位。中国共产党把马克思列宁主义民主政治原理与中国实际相结合，形成了具有中国特色的民主政治理论。按照这一理论，人民当家作主是社会主义民主政治的本质特征。我国社会主义民主是维护人民根本利益的最广泛、最真实、最管用的全过程人民民主。民主集中制是中国共产党的根本组织原则和领导制度。社会主义协商民主是我国独特的、独有的、独到的民主形式，在中国特色社会主义制度下，有事好商量，众人的事情由众人商量，找到全社会意愿和要求的最大公约数，是人民民主的真谛。人民政协通过广泛的协商与讨论，达成共识，实现国家治理和社会稳定。它不仅是对各民主党派、无党派人士、人民团体和各族各界人士意见的汇集与整合，更是促进国家科学民主决策的重要机制。

习近平总书记关于加强和改进人民政协工作的重要思想是新时代开展人民政协工作的根本遵循，同时又在政协事业发展中得到丰富和发展，具有深厚的实践基础

没有理论指导的实践是盲目的实践，不与实践相结合的理论是空洞的理论。习近平总书记关于加强和改进人民政协工作的重要思想来自实践又指导实践，推动人民政协事业发展，为包括国家治理现代化在内的中国式现代化作出积极贡献。新时代以来，人民政协坚持把党的全面领导贯穿各方面各环节，把坚持和发展中国特色社会主义作为巩固共同思想政治基础的主轴，践行人民政协为人民的理念，围绕中心、服务大局，开展政治协商、民主监督、参政议政，在更好保障最广大人民整体利益、根本利益、长远利益上献计出力。人民政协发挥作为最广泛的爱国统一战线组织的作用，坚持大团结大联合，正确处理一致性和多样性的关系，致力于最大限度把全体中华儿女智慧和力量汇聚起来，形成心往一处想、劲往一处使的生动局面。人民政协发挥作为社会主义协商民主的重要渠道和专门协商机构的作用，秉持有事好商量、众人的事情由众人商量的理念，为各党派团体和各族各界人士有序政治参与和利益表达提供了制度化平台，为促进科学决策、有效施策，提升国家治理效能作出新贡献。

人民政协坚持以习近平新时代中国特色社会主义思想为指导，坚决维护党中央权威和集中统一领导，政协党的建设得到强化，协商活动广泛多层深入开展，思想政治引领有力有效，团结联谊广度深度持续拓展，在党和国家工作大局中的作用进一步彰显。全国政协以发挥专门协商机构作用为重点，不断完善各类协商形式和协商机制，增加协商密度，丰富协商形式。创建双周协商座谈会，选择切口小、社会关注度高的具体问题议深议透，成为开展政协协商的经常性平台。开展网络议政远程协商，为委员不受时空限制履职创造条件。设立委员移动履职平台，推出主题议政群。坚持民主协商、平等议事，多向沟通、多方面互动交流，综合报告与政协信息相结合报送重要成果，成为制度性安排。政协协商民主的生动实践充分调动了委员履职积极性。实践证明，包括政协协商在内的社会主义协商民主是全过程人民民主的重要组成部分。

在坚持党的领导、统一战线、协商民主有机结合中，人民政协不断丰富协商形式、拓展协商内容、健全协商制度，推动协商民主广泛多层制度化发展。十四届全国政协履职以来，建立“第一议题”制度，制定全国政协党组、机关党组向党中央请示报告事项清单，对党的十八大以来习近平总书记关于人民政协工作重要指示批示和党中央关于人民政协工作重要文件落实情况开展“回头看”。政协委员强化责任担当，聚焦党和国家中心任务履职尽责，参加政治培训、理论学习、调查研究，积极反映社情民意和群众关切，提高提案和协商议政质量。

新时代以来，人民政协助力续写经济快速发展和社会长期稳定两大奇迹，助力中国式现代化行稳致远，彰显出人民政协人才荟萃、智力密集的优势，彰显出人民政协的鲜明中国特色和显著政治优势，彰显出习近平总书记关于加强和改进人民政协工作的重要思想的真理力量和实践伟力。展望未来，在中国共产党坚强领导下，人民政协一定会不断展现出旺盛生命力，一定能够为以中国式现代化全面推进强国建设、民族复兴伟业作出新的更大贡献！

（作者：中央党校<国家行政学院>副校长，
中国人民政协理论研究会副会长）

坚持党的领导、统一战线、协商民主有机结合

赵永清

“坚持党的领导、统一战线、协商民主有机结合”是党的二十大报告首次提出的重大理论和实践命题，是马克思主义民主理论中国化时代化的原创性贡献，也是新时代发展全过程人民民主和推进社会主义民主政治建设理论创新与实践创新的结晶。习近平总书记在庆祝中国人民政治协商会议成立75周年大会上的重要讲话中再次强调：“希望人民政协发扬优良传统，牢记政治责任，坚持党的领导、统一战线、协商民主有机结合，充分发挥专门协商机构作用，为推进中国式现代化广泛凝聚人心、凝聚共识、凝聚智慧、凝聚力量。”我们要深入学习贯彻习近平总书记关于加强和改进人民政协工作的重要思想，深刻理解习近平总书记关于坚持党的领

导、统一战线、协商民主有机结合的重要论述，把握重大意义，理解丰富内涵，落实工作要求，把人民政协制度坚持好、把人民政协事业发展好、把人民政协政治优势发挥好，最广泛地凝聚人心、汇聚力量。

深刻认识党的领导、统一战线、协商民主有机结合的内在逻辑和重大意义

坚持党的领导、统一战线、协商民主有机结合，是以习近平同志为核心的党中央立足中华民族伟大复兴战略全局和世界百年未有之大变局，从发展全过程人民民主、全面建设社会主义现代化国家的战略高度提出的重要要求，蕴含着深刻的内在逻辑，具有重大而深远的意义。

党的领导、统一战线、协商民主有机结合，是总结我国社会主义协商民主发展历程的科学结论，具有重大历史意义。新民主主义革命时期，我们党先后建立民主联合战线、工农民主统一战线、抗日民族统一战线、人民民主统一战线。1949年9月，中国人民政治协商会议第一届全体会议召开，标志着中国共产党领导的多党合作和政治协商制度正式确立。党的十八大以来，以习近平同志为核心的党中央创造性提出中国新型政党制度的全新概念，对发展社会主义协商民主作出一系列重要部署，推动协商民主广泛多层制度化发展。在中国共产党的领导下，我国社会主义协商民主的形成

和发展，与统一战线建立和发展的实践紧密联系并有机结合在一起，形成了广泛、真实、有效的民主。

党的领导、统一战线、协商民主有机结合，是发展全过程人民民主的内在要求，具有重大政治意义。协商民主是我国社会主义民主政治中独特的、独有的、独到的民主形式。坚持党的领导、统一战线、协商民主有机结合，有利于把党关于全过程人民民主的价值理念、原则精神、目标任务等更好落实到协商民主的各环节，有利于促进协商民主制度体系更为贯通顺畅、运行有效，有利于进一步畅通民主渠道、扩大有序政治参与，充分彰显了我国全过程人民民主的鲜明中国特色和显著政治优势，在人类政治制度发展史上具有独特的政治价值。

党的领导、统一战线、协商民主有机结合，是凝聚推进中国式现代化磅礴力量的重要渠道，具有重大现实意义。推进中国式现代化是前所未有的开创性事业，需要把各方面的思想和行动统一起来，把各方面的共识和力量凝聚起来。坚持党的领导、统一战线、协商民主有机结合，有利于把不同党派、不同民族、不同阶层、不同群体、不同信仰以及生活在不同社会制度下的全体中华儿女都团结起来，有效促进政党关系、民族关系、宗教关系、阶层关系、海内外同胞关系和谐，画好强国建设、民族复兴的最大同心圆，形成心往一处想、劲往一处使的生动局面。

深刻把握党的领导、统一战线、协商民主的丰富内涵和辩证关系

党的领导、统一战线、协商民主各自具有特定而丰富的内涵，同时三者又是紧密联系、相辅相成、辩证统一的有机整体。

党的领导为巩固统一战线、发展协商民主指明正确政治方向。中国特色社会主义最本质的特征是中国共产党领导，中国特色社会主义制度的最大优势是中国共产党领导，中国共产党是最高政治领导力量，坚持党中央集中统一领导是最高政治原则。统一战线是党领导的统一战线。党通过统一战线使各党派团体、各族各界人士和海内外中华儿女了解党的政治主张、路线方针政策，实现党的政治领导，增进对党的创新理论的政治认同、思想认同、理论认同、情感认同。协商民主是党领导下的协商民主。发展协商民主，既要充分发扬民主、营造宽松的良好氛围，鼓励和支持各抒己见、畅所欲言，又要加强思想政治引领、广泛凝聚共识，不断巩固共同思想政治基础，确保协商民主沿着正确方向发展。

统一战线为加强党的领导、发展协商民主夯实思想政治基础。统一战线是党凝聚人心、汇聚力量的政治优势和战略方针，是夺取革命、建设、改革事业胜利的重要法宝。统一战线和协商民主在本质要求、价值追求上相互融通、紧密契合，都具有凝聚共识、汇聚力量的重要功能。充分发挥统一

战线重要法宝作用，有利于加强党的执政能力建设，有利于加强各党派团体和各族各界人士的团结合作，有利于在更广泛的范围内全面发展协商民主、巩固党的执政基础。

社会主义协商民主是党领导人民有效治理国家、保证人民当家作主的重要制度设计，体现了民主的真谛。社会各族各界就改革发展稳定等重大问题，在决策之前和决策实施之中进行充分协商，为科学决策、有效施策提供重要支撑和保障。协商民主也是做好新时代统一战线工作的重要方式，通过政党协商、人大协商、政府协商、政协协商、人民团体协商、基层协商以及社会组织协商等协商民主渠道的协同配合，使统一战线广大成员更加普遍地认同党的主张，更加积极地建言献策，更加坚定自觉地听党话、跟党走。

在人民政协守正创新实践中推进党的领导、统一战线、协商民主有机结合

人民政协的性质定位充分体现了党的领导、统一战线、协商民主有机结合的显著特征和制度效能。在新征程上，人民政协要坚持守正创新，积极探索坚持党的领导、统一战线、协商民主有机结合的实践路径，真正成为坚持和加强党对各项工作领导的重要阵地、用党的创新理论团结教育引导各族各界代表人士的重要平台、在共同思想政治基础上化解矛盾和凝聚共识的重要渠道。

一要在坚持党的全面领导中落实三者有机结合。习近平总书记在庆祝中国人民政治协商会议成立75周年大会上的重要讲话中指出："全面发展协商民主，要坚持党的全面领导，坚定不移走中国特色社会主义政治发展道路，全面贯彻发展全过程人民民主的要求。"坚持党的领导是人民政协成立以来各项事业发展进步的根本所在、关键所在。近年来，贵州省政协自觉坚持把党的全面领导贯穿政协工作各方面、全过程，创新制定学习贯彻习近平新时代中国特色社会主义思想走深走实走心研习研讨制度，严格执行重大事项请示报告制度，切实发挥政协党组把方向、管大局、保落实的领导作用，纵深推进清廉政协建设，深化党纪学习教育，引导政协委员和机关干部做政治信念坚定、对党绝对忠诚、遵规正纪守法的明白人。下一步，我们将深化党的建设制度改革，健全全面从严治党体系，不断强化政协党组织在政协工作中的政治领导力、思想引领力、群众组织力、社会号召力。

二要在建言资政与凝聚共识双向发力中体现三者有机结合。习近平总书记在庆祝中国人民政治协商会议成立75周年大会上的重要讲话中强调："人民政协要完善发挥统一战线凝聚人心、汇聚力量政治作用的工作机制，多做强信心、聚民心、暖人心、筑同心的工作。"建言资政和凝聚共识双向发力，是发挥专门协商机构独特作用、彰显统一战线组织政治功能的关键所在。近年来，贵州省着力健全省委、省政府负责同志参加政协重要会议活动的制度机制，坚持和完善30年不间断的省长与政协委员协商座谈会，每位副省长每年到省政协参加1次专题协商会，搭建高层次协商平台。探索创新政协“院坝协商”“社区协商”“园区协商”三驾马车同向发力的制度机制，推进政协协商与基层协商有效衔接。大力支持各党派团体在政协平台履职尽责、发挥作用，持续开展“助力产业大招商·政协委员在行动”和“助力营商环境大改善·政协组织有作为”活动，聚焦贵州高质量发展和现代化建设的重点专题深化调查研究、积极建言资政。下一步，我们将更加注重发挥委员主体作用、专门委员会基础性作用、界别重要作用，探索政协委员列席旁听党委、政府有关会议机制，创新社情民意信息来源机制，深化委员联系界别群众制度机制，把在一些敏感点、风险点、关切点上强化思想政治引领同经常性思想政治工作结合起来，为推进中国式现代化贵州实践广泛汇聚各方面共识和力量。

三要在健全协商民主制度机制中推进三者有机结合。习近平总书记在庆祝中国人民政治协商会议成立75周年大会上的重要讲话中强调：“制度化、规范化、程序化是协商民主发展的必然要求。”党的二十届三中全会《决定》用“五个机制”“一个体系”对“健全协商民主机制”作出改革部署。我们要深刻理解和贯彻落实党中央关于健全协商民主机制的重大决策部署，以机遇意识、改革精神、创新理念、扎实作风抓好各项改革任务细化落实，更好把政协的制度优势转化为服务进一步全面深化改革的治理效能。结合贵州省政协实际，我们将着力围绕以下方面进行改革和探索。一是发挥人民政协作为专门协商机构作用；二是健全发扬民主和增进团结相互贯通、建言资政和凝聚共识“双向发力”程序机制；三是健全深度协商互动、意见充分表达、广泛凝聚共识机制；四是健全完善专委会工作制度机制；五是健全社情民意信息收集报送与跟踪办理反馈机制；六是完善委员联系群众、服务人民机制；七是完善人民政协民主监督机制；八是推动政协协商渠道同政党协商、人大协商、政府协商、人民团体协商、基层协商以及社会组织协商协同配合；九是完善协商成果采纳、落实、反馈机制等。

（作者：全国政协委员，贵州省政协主席）

发挥统一战线政治作用
谱写团结奋斗时代新篇

金学锋

坚持大团结大联合，发挥统一战线组织功能，是习近平总书记关于加强和改进人民政协工作的重要思想的重要内容。统一战线是中国共产党凝聚人心、汇聚力量的政治优势和克敌制胜、执政兴国的重要法宝。统战工作的本质要求是大团结大联合，解决的就是人心和力量问题。习近平总书记在庆祝中国人民政治协商会议成立75周年大会上的重要讲话中强调，希望人民政协“发扬优良传统，牢记政治责任”，要求“人民政协要完善发挥统一战线凝聚人心、汇聚力量政治作用的工作机制，多做强信心、聚民心、暖人心、筑同心的工作”。75年来的实践证明，讲团结、重团结是人民政协的优良传统和政治责任。我们要学习贯彻好习近平总书记重要讲话精神，同深入学习贯彻党的二十大和二十届三中全会精神结合起来，弘扬优良传统、不忘初心使命，广泛凝心聚力、共同团结奋斗，着力画好强国建设、民族复兴的最大同心圆。

一、发扬优良传统、牢记政治责任

讲团结、重团结是人民政协的优良传统。团结才能胜利，奋斗才会成功。大团结大联合是人民政协组织的重要特征。人民政协是作为统一战线组织而产生的，也始终是作为统一战线组织而存在和发展的。在中国共产党领导下，人民政协因团结而生、依团结而存、靠团结而兴，积极投身建立新中国、建设新中国、探索改革路、实现中国梦的伟大实践，在各个历史时期都做了大量卓有成效的工作，发挥了十分重要的作用。1949 年 9 月，中国人民政治协商会议第一届全体会议召开，标志着爱国统一战线和全国人民大团结在组织上完全形成。会议通过的具有临时宪法地位的《中国人民政治协商会议共同纲领》，蕴含伟大的团结合作精神。新中国成立后，人民政协团结引导各党派团体、各族各界人士，为恢复和发展国民经济、巩固新生人民政权、推动各项社会改革、完成社会主义革命、确立社会主义基本制度、促进社会主义建设而奋斗，作出了积极贡献。改革开放以来，人民政协围绕推进改革开放和社会主义现代化建设，努力调动一切积极因素，团结一切可以团结的力量。中国特色社会主义进入新时代，人民政协在继承中发展、在发展中创新，紧扣统筹推进“五位一体”总体布局、协调推进“四个全面”战略布局，充分发挥代表性强、联系面广、包容性大的优势，在实现“两个一百年”奋斗目标、实现中华民族伟大复兴中国梦的历史进程中，不断为党和国家事业发展凝心聚力。在中国共产党领导下同心同德、团结奋斗形成的优良传统，成为人民政协做好新形势下统战工作的宝贵财富，必须传承好、发扬好。

讲团结、重团结是人民政协的政治责任。毛泽东同志说过，所谓政治，就是把拥护我们的人搞得多多的，把反对我们的人搞得少少的。习近平总书记指出：“我们党领导革命、建设、改革取得成功靠的就是这个。在新的时代条件下，我们要继续前进，就必须增进全国各族人民的大团结，调动一切可以调动的积极因素。”统一战线是党的总路线总政策的重要组成部分，是凝聚人心汇聚力量的强大法宝。人心向背、力量对比是决定党和人民事业成败的关键，是最大的政治。坚持大团结大联合，坚持正确处理一致性和多样性的关系，发挥统一战线组织功能，广泛凝聚人心和力量，是人民政协助推党和人民事业不断从胜利走向胜利的必然要求和政治责任。党中央对人民政协不断巩固团结奋斗的共同思想政治基础、落实统一战线组织功能、完善发挥统一战线凝聚人心汇聚力量政治作用的工作机制等作出重要部署。中华人民共和国宪法明确，“中国人民政治协商会议是有广泛代表性的统一战线组织，过去发挥了重要的历史作用，今后在国家政治生活、社会生活和对外友好活动中，在进行社会主义现代化建设、维护国家的统一和团结的斗争中，将进一步发挥它的重要作用”。中国人民政治协商会议章程对人民政协“进一步巩固和发展最广泛的爱国统一战线，加强海内外中华儿女大团结，调动一切积极因素”，做好团结联谊的各项工作，作出具体规定。人民政协必须旗帜鲜明讲政治，以宪法、政协章程和相关政策为依据，增强开展统一战线工作的责任担当，把更多的人团结在党的周围。

二、践行时代要求、共同团结奋斗

力量源于团结，奋斗创造业绩。要深入学习贯彻习近平总书记在庆祝中国人民政治协商会议成立 75 周年大会上的重要讲话精神，弘扬党的统一战线优良传统，认真研究总结人民政协成立 75 年来促进各党派团体和各族各界人士大团结大联合的宝贵经验，坚持中国共产党对人民政协的全面领导，坚持团结奋斗是中国人民创造历史伟业的必由之路，坚持党的领导、统一战线、协商民主有机结合，积极践行团结奋斗的时代要求，更好担负起把党中央决策部署和对人民政协工作要求落实下去、把海内外中华儿女智慧和力量凝聚起来的政治责任，推动形成共襄强国建设、民族复兴伟业的强大合力。

（一）**自觉强化责任担当。**当前，世界之变、时代之变、历史之变不断向广度和深度延展，实现中华民族伟大复兴正处于关键时期，我国社会结构、阶层关系、思想观念、利益格局等发生深刻变化，改革发展稳定任务之艰巨繁重前所未有。习近平总书记指出："我们的目标越伟大，我们的愿景越光明，我们的使命越艰巨，我们的责任越重大，就越需要汇聚起全民族智慧和力量，就越需要广泛凝聚共识、不断增进团结。"统一战线和人民政协凝心聚力、加强大团结大联合的责任更重。我们要深入学习领会习近平总书记重要讲话的重大意义和丰富内涵，完整、准确、全面贯彻落实习近平总书记关于加强和改进人民政协工作的重要思想，不断强化履职政治责任，胸怀"两个大局"，牢记"国之大者"，把责任扛在肩上、把事业放在心上，推动凝聚人心、汇聚力量的工作不断走深走实。

（二）**把牢正确政治方向。**人民政协开展统战工作，政治性、政策性强，要把讲政治的要求落到实处。必须深刻认识和把握做好新形势下统战工作的特点，要掌握规律、坚持原则、讲究方法，最根本的是要坚持党的全面领导和党中央集中统一领导，深刻领悟"两个确立"的决定性意义，自觉做到"两个维护"，在思想上政治上行动上同以习近平同志为核心的党中央保持高度一致。必须深刻认识和把握运用好党的创新理论这一强大思想武器，对人民政协这一中国共产党领导的、由具有共同政治基础和奋斗目标的各党派团体和各族各界人士参加的政治组织来说，是用科学理论凝心铸魂、强基固本的必然要求。科学理论就像一面旗帜，旗帜立起来了，团结奋斗才有目标和方向。要把习近平新时代中国特色社会主义思想作为统揽政协工作的总纲，坚持和完善“第一议题”制度，及时传达学习贯彻习近平总书记最新重要讲话、重要指示批示精神和党中央重大决策部署，推动各党派团体和各族各界人士进一步实现政治上团结合作、思想上共同进步、行动上步调一致。总结提升常态化开展委员读书、理论学习、政治培训等工作成效，更好把学习成效转化为政治协商、民主监督、参政议政的能力本领，转化为有序有效开展团结联谊的工作实践。

（三）不断加强合作共事。依照《中国共产党统一战线工作条例》，党外代表人士在各级政协中占有较大比例，换届时委员不少于60%，常委不少于65%；在各级政协领导班子中副主席不少于50%（不包括民族自治地方）。全国政协和省级政协有民主党派成员或者无党派人士担任专职副秘书长。政协各专门委员会主任、副主任以及委员中的党外代表人士占有适当比例。要深刻认识和把握人民政协性质定位和组织构成特色，以党的政治建设为统领全面推进政协党的各项建设，健全党员委员联系党外委员制度机制，加强同党外人士的团结联系，发挥党员委员在政治引领、发扬民主、凝聚共识、合作共事、廉洁奉公等方面的先锋模范作用，

“以民主的作风团结人”，为党广交深交一大批肝胆相照的党外朋友。深化党的统一战线理论方针政策学习教育，支持各民主党派和无党派人士在政协更好履职尽责，共同谱写政协团结合作新篇章。

（四）正确处理一致性和多样性的关系。统一战线体现了一致性和多样性的统一。做好新形势下统战工作，必须正确处理一致性和多样性关系，关键是要坚持求同存异。在人民政协，“同”是基础和前提，“异”是客观现实和重要特征。政协委员来自方方面面，利益诉求、知识背景、社会阅历、生活方式等不尽相同，对某个具体问题的看法和认识总会存在差异，随着社会发展和时代变迁，有些差异在减少和消弭，同时还可能出现新的差异。一致性是共同思想政治基础的一致，多样性是利益多元、思想多样的反映。要在尊重多样性中寻求一致性，求同存异、聚同化异，自觉抵制和反对一切违背、损害、削弱共同思想政治基础的言行，不断增强固守政治底线的定力和找到最大公约数、画出最大同心圆的能力。

（五）为实现共同目标任务团结奋斗。围绕明确奋斗目标形成的团结是最牢固的团结，依靠紧密团结进行的奋斗是最有力的奋斗。习近平总书记强调：“统一战线追求的团结，是广泛的团结，也是坚强的团结，是沿着正确政治方向、向着共同目标前进的团结。”要深刻把握新时代新征程党的使命任务，引导参加人民政协的各党派团体和各族各界人士把共同目标作为动力源和方向标，聚焦推进中国式现代化、进一步全面深化改革、推动高质量发展、维护社会和谐稳定等方面的重点难点热点问题，深入推进协商议政。要深入实际、深入基层、深入调研，真切感知经济社会实际运行状况、人民群众急难愁盼，实事求是反映情况和问题，建真言、谋良策，出实招、鼓干劲，推动形成心往一处想、劲往一处使的生动局面。

（六）扎实推进制度化实践。完善人民政协凝心聚力制度机制，通过制度运行、民主程序和协商履职实践，提升协商出办法、出共识、出感情、出团结的水平，更好把党的主张转化为各党派团体和各族各界人士的自觉行动。坚持把加强思想政治引领、广泛凝聚共识作为中心环节，融入政协视察考察、调查研究、协商议政、协商式监督等各项履职活动中，有效汇聚众智和共识。深入实施谈心交流制度，政协党组成员同党外委员开展“一对一”谈心，交流情况、沟通思想、增进共识，及时反映重要意见建议。搭建机制性平台，通过委员科学讲堂、法治宣讲、委员通道、大会发言摘登、理论文章刊发等形式和载体，面向社会各界传播共识，传递信心和力量。加强人民政协反映社情民意、联系群众、服务人民机制建设，发挥政协委员联系界别群众、委员履职“服务为民”活动的制度机制作用，协助党和政府多做解疑释惑、理顺情绪、稳定预期、促进发展的工作，团结界别群众跟党走。

（七）广泛汇聚正能量。习近平总书记强调，要“发挥人民政协协调关系、汇聚力量、建言献策、服务大局的重要作用，促进政党关系、民族关系、宗教关系、阶层关系、海内外同胞关系的和谐，最大限度调动一切积极因素，共同致力于实现中华民族伟大复兴”。新形势下，要通过耐心细致的工作，更好聚团结之力、担时代之责。发挥人民政协作为实行中国新型政党制度重要政治形式和组织形式的作用，推动有关专门委员会同各民主党派中央开展联合调研、联办协商活动。坚持以铸牢中华民族共同体意识为主线，组织开展“委员促三交”系列活动，召开少数民族界、宗教界反映社情民意座谈会，促进民族团结、宗教和睦。充分发挥人民团体及其界别委员的作用，积极组织人民团体参与协商、视察、调研等活动，密切政协各专门委员会和人民团体的联系。加强对党外知识分子、非公有制经济人士、新的社会阶层人士政治引领，丰富专家协商、联动协商、专题研究、网络议政、线下交流、社情民意恳谈等载体内容，不断提升共识度、拓展团结面。完善联系港澳委员工作机制，密切同爱国爱港爱澳政团社团、各界代表人士的联系，发展壮大爱国爱港爱澳力量，助力香港、澳门更好融入国家发展大局。全面贯彻新时代党解决台湾问题的总体方略，举办两岸基层治理论坛，促进两岸同胞心灵契合，助推两岸各领域融合发展，坚决反对任何形式的“台独”分裂活动。广泛团结联系海外侨胞，邀请海外华侨代表列席全国政协全体会议、接待海外侨团来访。服务国家对外工作大局，向世界讲好中国故事、全过程人民民主故事、人民政协的故事，为推动构建人类命运共同体提供正能量，助力营造有利外部环境。

（作者：中国人民政协理论研究会副会长，
全国政协委员）

弘扬人民政协光荣传统
推动新时代政协事业高质量发展

蓝绍敏

1948年“五一口号”发布前后，毛泽东同志与民主人士通信商谈政治协商会议问题时，提出将会议地点定在哈尔滨。9月到11月，沈钧儒、谭平山、章伯钧、蔡廷锴等先后到达哈尔滨，围绕《关于召开新的政治协商会议诸问题》与中共中央代表协商。11月25日达成的协议确定了新政协的性质、任务等问题，将筹备会议地点预定在哈尔滨，启动了新政协会议的准备工作，黑龙江人民由此见证了人民政协筹备过程的光辉历史和光荣传统。黑龙江省政协要深入学习贯彻习近平总书记在庆祝中国人民政治协商会议成立75周年大会上的重要讲话精神，弘扬人民政协光荣传统，推动新时代政协事业高质量发展。

一、人民政协光荣传统镌刻着拥护中国共产党领导的坚定信念，推动政协事业高质量发展要坚持党的全面领导、把牢正确政治方向

1948年9月首批民主人士到达哈尔滨后，向中共中央致电表示“愿竭所能，借效绵薄，今后一切，期待明教”。民革领导人谭平山提出，新政协的领导责任，“不能不放在共产党肩上，这是历史发展上一种不容放弃的任务”。民革创始人之一朱学范提出“没有中国共产党的坚强领导，任何革命统一战线也是不能胜利的”。由此可见，拥护中国共产党领导的坚定信念，是人民政协“启航”的内生动力。弘扬人民政协光荣传统，推动新时代政协事业发展，必须坚持党的全面领导，把牢正确政治方向。习近平总书记在庆祝中国人民政治协商会议成立75周年大会上的重要讲话中，把“坚持中国共产党对人民政协的全面领导”作为“十个坚持”的第一条。习近平总书记重要讲话中还明确要求各级党委要完善党领导政协工作制度，明确要求政协党组健全落实中国共产党对政协工作领导的组织体系和制度机制。人民政协要以鲜明的政治立场和强烈的政治责任抓好贯彻落实。

一要铭记初心使命。中国共产党的领导是包括各党派团体、各族各界人士在内的全体中国人民的共同选择，是成立政协时的初心所在，是人民政协事业发展进步的根本保证。党的十八大以来，以习近平同志为核心的党中央加强党对各

方面工作的领导，坚持和加强党对人民政协的全面领导，成为新时代党中央推进人民政协事业发展的鲜明特点。2018年，“中国共产党领导是中国特色社会主义最本质的特征”被写入宪法，政协章程修改也将“坚持中国共产党领导”列为人民政协的首要工作原则。人民政协要把坚持党的领导贯穿到全部工作之中落实落细落到位。

二要深化理论武装。坚持把深入学习贯彻习近平新时代中国特色社会主义思想作为首要政治任务，持续在深化、内化、转化上下功夫。深入学习习近平总书记关于加强和改进人民政协工作的重要思想，领会精神实质、理解核心要义、把握实践要求，进一步学出理论的清醒、立场的坚定，进一步学出坚持党对人民政协全面领导的高度自觉。坚持以自我反思精神深化理论武装，对照理论查找自身“学”上的不足和“用”上的薄弱，剖析原因、制定对策，促进以学铸魂更坚定、以学增智更明显、以学正风更严格、以学促干更有效。

三要加强党的建设。政协党组要全面肩负起实现党对政协领导的重大政治责任，发挥好把方向、管大局、保落实的重要作用，严格执行重大事项请示报告制度，严把各项履职活动的政治关，引导政协各参加单位和广大委员共同落实中国共产党对政协的全面领导，确保把党中央大政方针和决策部署不折不扣贯彻落实到政协全部工作之中。严格要求政协组织中的中共党员时刻牢记自己的第一身份是共产党员，第一职责是为党工作，做到党中央提倡的坚决响应、党中央决定的坚决执行、党中央禁止的坚决不做。加强政协党的组织建设，把“实现党的组织对党员委员的全覆盖、党的工作对政协委员的全覆盖”要求落实好，确保政协工作在党的领导下建言资政不跑题、凝聚共识不偏向、砥砺前行不迷航。

二、人民政协光荣传统承载着协商建立新中国的历史使命，推动政协事业高质量发展要聚焦新的时代课题、充分发挥职能作用

1948年秋，中国人民的历史使命是建立新中国。中共中央代表与民主人士深入交流协商，对意见建议充分吸收。章伯钧、蔡廷锴提出的“新政协即等于临时人民代表会议，即可产生临时中央政府”的建议就得到了采纳。弘扬人民政协光荣传统，推动新时代政协事业发展，必须聚焦新的时代课题、充分发挥职能作用、扎实作出积极贡献。习近平总书记在庆祝中国人民政治协商会议成立75周年大会上的重要讲话中强调，人民政协要“聚焦推进中国式现代化、进一步全面深化改革、推动高质量发展、维护社会和谐稳定等方面的重点难点热点问题，深入推进协商议政”。人民政协要充分发挥专门协商机构作用，紧紧围绕推进中国式现代化议政建言。

一要深化对性质定位的认识。习近平总书记指出，“人

民政协作为统一战线的组织、多党合作和政治协商的机构、人民民主的重要实现形式，是社会主义协商民主的重要渠道和专门协商机构，是国家治理体系的重要组成部分，是具有中国特色的制度安排”。要深刻理解习近平总书记重要论述，以强化统一战线组织功能汇聚实现中华民族伟大复兴中国梦的磅礴力量，以推动人民政协制度更加成熟更加定型彰显中国特色社会主义制度的优越性和先进性，以发挥人民政协在国家治理体系中的重要作用展现社会主义协商民主的独特优势。

二要注重对工作机制的完善。强化改革意识，在老机制的突破、新机制的创建中充分发挥制度优势，有效激发内生动力；强化系统观念，协商议政格局、机关保障体系、队伍建设举措等方面机制整体完善提升、协同发挥作用；强化问题导向，围绕解决开展民主监督不够主动、联系界别群众不够紧密、协商成果运用不够扎实等问题认真开展调查研究、提出解决问题的具体举措和工作建议。

三要加强对协商文化的培育。注重“树理念”，推动“有事好商量、众人的事情由众人商量”的理念深入人心；注重“强氛围”，促进形成既畅所欲言、各抒己见，又理性有度、合法依章的良好协商氛围；注重“建队伍”，努力建设一支懂政协、会协商、善议政，守纪律、讲规矩、重品行的委员队伍，使协商文化成为政协高质量履职的深厚底蕴。

三、人民政协光荣传统蕴含着汇集多方面智慧力量的宝贵经验，推动政协事业高质量发展要把握履职中心环节、做好凝聚共识工作

1948年中共中央与民主人士在哈尔滨的协商过程就是形成共识、深化共识、传播共识的过程。中共中央还通过电报与当时在香港的李济深、何香凝等反复沟通，使民主人士对中国共产党的建国方略更为深入理解、深刻认同。由此可见，汇集各方面智慧力量的宝贵经验，是人民政协“启航”的鲜明印记。弘扬人民政协光荣传统，推动新时代政协事业发展，必须坚持把加强思想政治引领、广泛凝聚共识作为政协履职的中心环节。习近平总书记在庆祝中国人民政治协商会议成立75周年大会上的重要讲话中强调“人民政协要完善发挥统一战线凝聚人心、汇聚力量政治作用的工作机制，多做强信心、聚民心、暖人心、筑同心的工作”。人民政协要落实好习近平总书记重要讲话精神，着力画好强国建设、民族复兴的最大同心圆。

一要明确“为何凝聚共识”。习近平总书记指出“要把大家团结起来，思想引领、凝聚共识就必不可少”。当前，世界之变、时代之变、历史之变不断向广度和深度延展，中华民族伟大复兴进入了不可逆转的历史进程，但改革发展稳定任务之重前所未有，矛盾风险挑战之多前所未有，多元思想文化交流交融交锋前所未有。做好新时代凝聚共识工作，

对于巩固党的长期执政地位，彰显中国特色社会主义制度的优越性、先进性，发挥人民政协在国家治理体系中的重要作用具有重大而深远的意义。

二要明确“凝聚什么共识”。处在不同阶段、居于不同层级、面对不同对象，凝聚共识会有不同内容，总体主要有三个方面。一是以坚定拥护“两个确立”、坚决做到“两个维护”为统领的政治共识。引导广大政协委员和界别群众，深入学习习近平新时代中国特色社会主义思想，增进对中国共产党和中国特色社会主义的政治认同、思想认同、理论认同、情感认同，在思想上政治上行动上同以习近平同志为核心的党中央保持高度一致。二是以“推进中国式现代化”为主题的发展共识。新时代，中国共产党的中心任务是团结带领全国各族人民全面建成社会主义现代化强国、实现第二个百年奋斗目标，以中国式现代化全面推进中华民族伟大复兴。当前，人民政协要把贯彻落实党的二十届三中全会精神作为凝聚共识的重中之重，引导广大政协委员和界别群众凝聚改革大共识、汇聚改革正能量。三是以“求同存异、聚同化异”为导向的团结共识。引导广大政协委员和界别群众，理性看待对一些具体问题的不同观点和意见，在尊重多样性中寻求一致性，在寻求公约数中画好同心圆。虽然可能对有的问题认识不能完全统一，但是旗帜鲜明讲政治的立场必须是一致的，一心一意谋发展的追求必须是一致的，团结奋斗向前进的方向必须是一致的。

三要明确“怎样凝聚共识”。落实好“把加强思想政治引领、广泛凝聚共识贯穿履职工作之中”的要求。注重把握四个阶段。一是协商启动阶段，围绕议题相关的基本知识和法规政策，通过“学”来凝聚共识；二是协商调研阶段，围绕议题相关的成果成效和存在问题，通过“研”来凝聚共识；三是协商实施阶段，围绕议题相关的认识评价和意见建议，通过“议”来凝聚共识；四是协商后续阶段，围绕建立健全协商成果的实践运用和通报反馈机制，通过“做”来凝聚共识。着力打造五个平台。一是多样协商平台。包括机制化平台和创新性平台。二是读书学习平台。包括书香政协、委员讲堂、文史资料工作等。三是联系群众平台。包括委员联系界别群众、团结联谊、委员工作站等。四是舆论宣传平台。包括报刊广电、网站和微信公众号等。五是机关支撑平台。提高服务能力，完善制度体系。密切关注六个重点。一是重要时间节点，在组织学习、交流体会中凝聚共识。二是社会关注热点，在辨析事实、亮明立场中凝聚共识。三是工作推进难点，在深入调研、献计出力中凝聚共识。四是民生事业痛点，在客观反映、助力解决中凝聚共识。五是媒体舆论焦点，在保持关注、视情回应中凝聚共识。六是错误思想观点，在坚决回击、有力驳斥中凝聚共识。

（作者：全国政协委员，黑龙江省政协主席）

积极培育协商民主文化
推进协商民主广泛多层制度化发展

叶冬松

习近平总书记在庆祝中国人民政治协商会议成立75周年大会上深刻指出，“广泛倡导有事多协商、遇事多协商、做事多协商，积极培育协商民主文化”。社会主义协商民主文化，集中展现了中国特色社会主义政治发展道路的光辉历程，充分体现了我国社会主义民主政治的独特优势。积极培育践行协商民主文化，对于彰显“中国之制”伟力，成就“中国之治”伟业，具有重要的政治价值、理论价值、实践价值。

一、坚持历史与现实相贯通，深刻认识协商民主文化的重要作用

社会主义协商民主在我国有根、有源、有生命力，是中国共产党人和中国人民的伟大创造。作为政治文化的具体形态，协商民主文化呈现出鲜明中国特色和强大民主力量。

协商民主文化蕴含着中华优秀传统文化。中华文明源远流长、博大精深，为培育发展协商民主文化提供了沃土。天下为公、大公无私寄托了崇高的政治理想，兼容并蓄、求同存异体现了理解包容、和谐共处的和合思想，民惟邦本、政在养民奠定了以人为本、人民至上的执政理念。这些中华优秀传统文化让社会主义协商民主有了更加深远的历史纵深、十分丰厚的文化滋养，对于我们真正理解中国道路的历史必然、文化内涵与独特优势具有重要意义。

协商民主文化展现了我国社会主义民主实质和真谛。从“三三制”到“协商建国”，从中国共产党领导的多党合作和政治协商制度被确立为基本政治制度，到发展全过程人民民主，中国共产党依靠协商民主广泛听取意见和建议，真诚接受批评和监督，找到最大公约数，画出最大同心圆。实践证明，协商民主文化集中反映了有事好商量、众人的事情由众人商量的人民民主真谛，有利于完善人民当家作主的制度体系，有利于最大限度把全体中华儿女智慧和力量汇聚起来，有利于促进科学决策、有效施策，展现出社会主义民

主政治的巨大优越性和光明的发展前景。

协商民主文化是围绕推进中国式现代化议政建言的迫切需要。以中国式现代化全面推进强国建设、民族复兴伟业，是新时代新征程党和国家的中心任务。从时代大势看，世界之变、时代之变、历史之变不断向广度和深度延展，迫切需要以广泛协商巩固全国各族人民大团结，加强海内外中华儿女大团结。从意识形态领域看，多元思想文化交融交锋日益激烈，迫切需要把协商民主提升到文化的高度来培育，讲好中国民主故事，建设具有强大凝聚力和引领力的社会主义意识形态。从推进国家治理体系和治理能力现代化看，我国改革发展稳定任务之艰巨繁重前所未有，迫切需要以协商民主文化凝聚人心、凝聚共识、凝聚智慧、凝聚力量，团结一心、步调一致向前进。

二、坚持内涵与外延相贯通，理解把握协商民主文化的核心要义

作为一种重要文化形态，协商民主文化既以中华优秀传统文化为根基，也充分体现了社会主义民主政治的核心要素、理论优势和时代要求。

正确政治方向是培育协商民主文化的遵循。中国共产党的领导是社会主义协商民主的根本保证，以人民为中心是社会主义协商民主文化的价值所在。在中国共产党领导人民进

行革命、建设、改革的长期实践中，党始终保持同人民群众的血肉联系、代表最广大人民根本利益，逐步形成了具有中国特色的社会主义协商民主文化。历史与实践证明，党的领导越有力、人民主体地位越鲜明，越能够形成更广泛有效的民主，形成更先进的政治文化，中国特色社会主义政治发展道路就会越走越宽广。

“两个结合”是培育协商民主文化的本源。把马克思主义基本原理同中国具体实际相结合、同中华优秀传统文化相结合，是在五千多年中华文明深厚基础上开辟和发展中国特色社会主义的必由之路。习近平新时代中国特色社会主义思想是“两个结合”的光辉典范。特别是党的十八大以来，习近平总书记深刻把握民主政治发展规律，在实践创新基础上推进人民政协理论创新，提出“十个坚持”，构成了习近平总书记关于加强和改进人民政协工作的重要思想，既是新时代新征程做好人民政协工作的根本遵循，也是培育协商民主文化的行动指南。

坚持团结和民主是培育协商民主文化的原则。用好统一战线重要法宝、坚持和完善新型政党制度、传承和发展人民政协事业，团结和民主都是贯穿始终的主题。政协通过团结一切可以团结的力量，广泛凝聚人心、促进社会共识，切实担负起把党中央决策部署和对人民政协工作要求落实下去、把海内外中华儿女智慧和力量凝聚起来的政治责任；通过各类协商平台，助力科学决策、民主决策，协商民主文化发挥出发扬民主、集思广益的优势作用；通过有事多商量、遇事多商量、做事多商量的协商民主文化，有效找到全社会意愿和要求的最大公约数，为国家治理和社会治理打下坚实基础。

良好氛围环境是培养协商民主文化的条件。社会主义协商民主是全方位的，涉及方方面面。在社会主义协商民主体系中，“七个渠道”目标一致、相互补充、协同配合，突出体现全过程人民民主显著优势，为协商民主文化创造了良好环境。在各种协商渠道中，依靠平等协商而不强加于人、有序协商而不各说各话、真诚协商而不偏激偏执，使协商民主具有畅所欲言、各抒己见又理性有度、合法依章的文化氛围，形成思想共识和行动共识。

三、坚持理论与实践相贯通，推动协商民主广泛多层制度化发展

文化的力量是巨大的。我们要按照习近平总书记重要讲话要求，积极培育协商民主文化，开展广泛深入的生动实践，推动协商工作高质量发展。

着力巩固共同思想政治基础。培育协商民主文化，目的就是汇聚起同心同向的强大合力。要坚持党的领导、统一战线、协商民主有机结合，把习近平新时代中国特色社会主义思想作为统揽政协工作的总纲，多做强信心、聚民心、暖人

心、筑同心的工作，推动各党派团体和各族各界人士实现政治上团结合作、思想上共同进步、行动上步调一致，筑牢协商民主文化的政治圆心。

始终锚定中国式现代化中心任务。无论是发展协商民主还是加强文化建设，都要紧扣推进中国式现代化这一鲜明主题。要聚焦进一步全面深化改革、推动高质量发展等重点要点，紧盯群众关切热点难点，形成资之有效、行之有用的协商成果，巩固心往一处想、劲往一处使的生动局面，画好强国建设、民族复兴的最大同心圆。

持续完善社会主义协商民主体系。构建程序合理、环节完整的社会主义协商民主体系，是铸就和维护协商民主文化的重要基础。要发挥不同协商渠道独特作用，拓展协商方式和平台，结合实际搭建对话交流、恳谈沟通平台，拓宽社情民意反映渠道，形成整体效能。要健全协商制度机制，针对不同协商渠道，在协商什么、同谁协商、怎样协商、协商成果如何运用等方面细化规则、制定规范。要持续推进政协协商制度化、规范化、程序化建设，加强政协协商同其他协商形式的协同配合，促进不同思想观点的充分表达和深入交流，培育形成深度协商互动、意见充分表达、广泛凝聚共识的良好氛围。

努力提升协商能力和水平。培育协商民主文化必须锻造过硬的能力素质。要加强委员学习培训，不断提高思想认识水平和履职本领，自觉投身凝心聚力、决策咨询、协商民主、国家治理第一线的具体实践。要把人民政协建设成为委员之家、民主之家、团结之家，为委员协商议政创造良好条件，让协商民主文化展现出旺盛生命力、强大凝聚力。

（作者：全国政协委员、农业和农村委员会副主任，中国人民政协理论研究会副会长）

推动人民政协协商民主彰显更大优势发挥更大效能

张连起

习近平总书记在庆祝中国人民政治协商会议成立75周年大会上的重要讲话，标注了党对人民政协事业规律性认识的新高度，标注了全面发展协商民主的新高度，闪耀着坚持把马克思主义基本原理同中国具体实际相结合、同中华优秀传统文化相结合的真理光芒，丰富发展了习近平新时代中国特色社会主义思想的“政协篇”。

学深悟透做实习近平总书记重要讲话精神，要从“两个结合”特别是“第二个结合”的高度，深刻理解人民政协从哪里来、为什么好，进一步坚定道路自信、理论自信、制度自信、文化自信；深刻认识和把握“人民政协具有鲜明中国特色和显著政治优势，是科学、有效、管用的制度安排，在人类政治制度发展史上具有独特政治价值”，推动政协协商民主彰显更大优势、发挥更大效能，在发展全过程人民民主中把人民政协的显著政治优势更加充分发挥出来，为推进中国式现代化广泛凝聚人心、凝聚共识、凝聚智慧、凝聚力量。

习近平总书记强调：“人民政协是中国共产党把马克思列宁主义统一战线理论、政党理论、民主政治理论同中国具体实际相结合、同中华优秀传统文化相结合的伟大成果，是中国共产党领导各民主党派、无党派人士、人民团体和各族各界人士在政治制度上进行的伟大创造，具有深厚的文化基础、理论基础、实践基础，具有鲜明中国特色和显著政治优势，是科学、有效、管用的制度安排，在人类政治制度发展史上具有独特政治价值。”这一重要论断，揭示了孕育人民政协协商民主的制度基因，也揭示了人民政协显著政治优势的制度密码。

历史和实践充分证明，人民政协这一制度安排有利于完善人民当家作主的制度体系，更好保障最广大人民整体利益、根本利益、长远利益；有利于最大限度把全体中华儿女智慧和力量汇聚起来，形成心往一处想、劲往一处使的生动局面；有利于促进科学决策、有效施策，提升国家治理效能。

大道同心，携手共进；大道如砥，壮阔无垠。之所以说人民政协是科学、有效、管用的制度安排，在人类政治制度发展史上具有独特政治价值，已经并将不断展现出旺盛生命力，在于其具有独特的、独有的、独到的优势：

（一）党的领导的政治优势。中国共产党的领导是中国特色社会主义最本质的特征，也是人民政协事业发展进步的根本保证。坚持党对人民政协的全面领导，是成立政协时的共识和初心所在，是必须恪守的根本政治原则。只有党的集中统一领导这个“圆心”定牢了，“半径”越大，“同心圆”也就越大。把坚持党的领导、统一战线、协商民主有机结合，把党的领导全面、系统、整体地落实到工作谋划、职能履行、自身建设等各方面，保证党的理论、路线、方针政策和决策部署转化为人民群众的共同意愿和统一行动。这有效克服一些国家那种一盘散沙和党争纷沓、协商过程缓慢分散，无法达成共识或政治成本高昂的弊端。

（二）凝心聚力的组织优势。人民政协作为统一战线组织，包含各党派、各民族、各团体、各阶层、各界人士，团结面宽，覆盖面广，影响力大，在广泛凝心聚力方面具有独特优势。人民政协通过深度协商议政、意见充分表达、广泛凝聚共识，搭建起团结协作的政治平台，畅通群众政治诉求表达渠道，从而助推国家治理体系和治理能力现代化目标的实现。这有效克服一些国家党派和利益集团为自己的利益相互竞争、相互倾轧或者选举时漫天许诺、选举后无人过问的弊端。

（三）包容广泛的平台优势。人民政协集协商、监督、参与、合作于一体，是各党派团体和各族各界人士发扬民主、参与国是、团结合作的重要平台。中国式现代化是全体人民的共同事业，必须激发全体人民的积极性、主动性、创造性。

人民政协协商民主，作为健全全过程人民民主制度体系的重要内容，充分彰显了人民立场、人民力量，能够更好把人民当家作主具体地、现实地体现到党治国理政的政策措施上来，体现到人民对自身利益的实现和发展上来；能够更广泛畅通各种利益要求和诉求进入决策程序的渠道，凝聚人心、加强团结、增进共识；能够更广泛汇聚起人民群众中的无穷智慧和力量，动员人民群众以主人翁精神投身中国式现代化建设。中国式现代化也是全体中华儿女的共同梦想，以最大包容增共识，以最大诚意促团结，人民政协协商民主充分发挥独特优势，助力形成海内外中华儿女心往一处想、劲往一处使的强大合力。这有效克服一些国家不同政治力量为了维护和争取自己的利益固执己见、排斥异己的弊端。

（四）科学民主的协商优势。人民政协是实践全过程人民民主的重要形式，其履职方式主要是协商，集包容性、平等性和开放性于一体，深嵌于中国社会主义民主政治全过程，有效保障了人民当家作主。通过决策之前和决策实施之中广泛地开展协商，实现国家治理决策的民主化、科学化。而国家治理体系和治理能力本身蕴含着更为广泛的主体之间进行充分民主协商的要求。因此，人民政协坚持发扬民主与增进团结相互贯通、建言资政和凝聚共识双向发力，推动构建广泛多层制度化发展的协商民主格局，进而通过吸取各方意见、最大限度达成共识，为优化科学决策、完善国家治理赋予民意基础、智力支持和共识保障。这有效克服一些国家决策中情况不明、自以为是或者各项政策和工作共识不高、无以落实的弊端。

（五）智力密集的人才优势。人民政协汇集了各党派、各团体、各族各界的代表性人士，具有人才智力的聚合性。从制度安排看，人民政协以宪法、政协章程和相关政策为依据，把协商民主贯穿履行职能全过程，围绕党和国家重大方针政策和重要决策部署的贯彻落实情况开展民主监督，发挥作为社会主义协商民主重要渠道和专门协商机构作用，助推实现协商民主同选举民主相互补充、相得益彰。从工作机制看，党的十八大以来，全国政协形成了以全体会议、专题议政性常委会会议和专题协商会为重点，以双周协商座谈会、远程协商会、专家协商会、对口协商会、提案办理协商会等为常态的协商议政格局，搭建了各具特色的协商平台，建立了制度、细化了流程。政协委员是各行各业各界的优秀人士，大多具有相关方面、相关领域的专业背景和特长，代表性强，位置超脱，在协商议政中能够从所联系的界别群众视角提出具有前瞻性、战略性、可操作性的意见建议，为专门协商机构"专"出特色、"专"出质量、"专"出水平提供了人心、共识、智慧、力量支撑。这有效克服一些国家人民群众在国家政治生活和社会治理中无法表达、难以参与的弊端。

（六）兼容并包的文化优势。在历史长河中，中国人民探索形成了"民惟邦本，本固邦宁""天地之大，黎元为先""天视自我民视，天听自我民听"等民本思想，其中包括"商量"

的施政传统，“集议”“谏议”的朝议制度，“清议”“乡议”的民间议事活动等，为人民政协开展协商提供了深厚滋养。人民政协作为中国特色的制度安排，植根中国土壤，是在五千多年中华文明深厚基础上发展起来的，注重从中华优秀传统文化中汲取智慧和养分，具有深厚的中华文明底蕴和中华文化底气。人民政协协商民主广泛、真实、管用、持久代表和实现广大人民根本利益、各族各界根本利益，在协商中促进广泛团结、推进多党合作、实践全过程人民民主，以大多数人的利益为根本，兼顾少部分群体的利益，办成事、办大事。这既符合中国传统文化中“舍小我为大我、舍小家为大家”的家国情怀，也符合“胸怀天下，立己达人”的道德律条；既体现鲜明的中国特色，也体现全人类对民主的共同追求，为丰富人类政治文明形态贡献中国智慧、中国方案。这有效克服一些国家相互掣肘、内耗严重和冲突隔阂的弊端。

深刻认识“人民政协的中国特色和显著政治优势”，就是要把坚持和发展中国特色社会主义作为巩固共同思想政治基础的主轴，把习近平新时代中国特色社会主义思想作为统揽政协工作的总纲。只有深刻理解和把握“主轴”和“总纲”，才能凝心铸魂明方向，风高浪急不迷航。当前和今后一个时期是以中国式现代化全面推进强国建设、民族复兴伟业的关键时期。越是接近目标，越是形势复杂，越是任务艰巨，越要发挥中国共产党领导的政治优势和中国特色社会主义的制度优势，越要在发展全过程人民民主中把人民政协的显著政治优势发挥出来。

在历史前进的逻辑中前进，在时代发展的潮流中发展。作为新时代的政协委员，我们要学深悟透做实习近平总书记关于加强和改进人民政协工作的重要思想，做到“懂政协、会协商、善议政，守纪律、讲规矩、重品行”。

一是多做强信心、聚民心、暖人心、筑同心的工作，多做化解矛盾、理顺情绪的工作，多做提振信心、改善预期的工作，多做敢于发声、善于发声的工作。千条心、万条心，汇成一条心。唱响中国经济光明论，不是回避困难和挑战，更不是自说自话的口号，而是既看当前中国经济波动之“形”，更要察长远经济发展之“势”，全面辩证动态看待形势并精准建言。

二是书写“时代味”“政协味”“改革味”委员履职新篇。进一步全面深化改革和推进中国式现代化聚焦在哪里，我们的深入调研和建言资政就集中到哪里；人民群众的诉求和期盼投向在哪里，我们的履职尽责和凝聚共识就发力到哪里。

三是用好“指尖上的协商议政”，既做好“规定动作”，也做好“自选动作”。履职永远在线，智慧时刻连线，尽责永不断线。把智力密集的优势转化为建言资政的“专业报国”，把包容性广的优势转化为凝聚共识的“服务为民”，把协商民主的制度优势转化为治理效能，着力画好强国建设、民族复兴的最大同心圆。

（作者：全国政协常委，中国企业财务管理协会会长）

进一步发挥专门委员会基础性作用

林克庆

习近平总书记在庆祝中国人民政治协商会议成立75周年大会上的重要讲话中强调，要进一步发挥专门委员会基础性作用。这一重要论述，是对新时代加强人民政协专门协商机构建设作出的重要部署。系统梳理专门委员会基础性作用的基本内涵、历史成因、价值意义，才能在实践中把握好进一步发挥专门委员会基础性作用的内在机理和发力重点，在发展全过程人民民主中把人民政协的显著政治优势更加充分发挥出来。

深刻理解专门委员会基础性作用的基本内涵和历史成因。专门委员会的基础性作用，强调的是其在人民政协工作全局中起到的基本且不可或缺的支撑性作用。根据《中国人民政治协商会议全国委员会专门委员会通则》等章程的规定，专门委员会作为政协常委会和主席会议领导下的工作机构，是政协履行职能的重要载体、联系委员的重要纽带、发挥人民政协专门协商机构作用的主要依托，在政协工作中具有基础性地位和作用。“工作机构”体现了专门委员会在政协工作全局中的性质定位、工作定位；“重要载体”体现了专门委员会在政协履职中具有承载性、稳定性；“重要纽带”体现专门委员会在政协发扬民主、团结统战中的重要桥梁作用；“主要依托”体现专门委员会是政协履职的关键支撑。这深刻体现了专门委员会是人民政协坚持党的领导、统一战线、协商民主有机结合的重要基础。

从人民政协 75 年来的实践创新、理论创新、制度创新的光辉历程看，专门委员会的基础性作用是在社会主义现代化建设过程中逐步形成并日益巩固的。一是在落实党对人民政协的全面领导中逐步形成。人民政协自成立起就是党领导的政治组织。全国政协始终把加强党的领导作为首要任务，2015 年党中央批准在全国政协各专门委员会设立分党组，地方政协也随之设立专门委员会分党组，推动在加强思想政治引领、确保正确政治方向等方面发挥了重要保障作用。二是在践行全过程人民民主中逐步形成。人民政协是实践全过程人民民主的重要形式，是最广泛的爱国统一战线组织，专门委员会坚持团结和民主两大主题，推动广大委员在政协协商中充分表达观点和意见、反映社会各阶层的利益诉求，不断巩固和发展生动活泼、安定团结的政治局面。三是在围绕中心服务大局中逐步形成。随着社会主义现代化事业的推进，新情况新问题不断涌现，需要专门机构和人员深入调研协商。全国政协从成立之初设立 8 个工作组，到七届全国政协设立专门委员会，到十四届全国政协设立 10 个专门委员会，针对不同领域深入调查研究，积极履行政治协商、民主监督、参政议政职能，为提升国家治理效能贡献了智慧和力量。四是在完善人民政协制度中逐步形成。人民政协是具有中国特色的制度安排，需要不断完善自身工作机制，提高工作效率和质量。专门委员会工作的不断细化、专业化，为人民政协工作制度化规范化程序化提供生动实践，有力推动了人民政协制度更加成熟更加定型。

深刻把握专门委员会在政协工作中所具有的基础性作用。随着时代的发展，专门委员会基础性作用主要体现在以下方面。一是凝心聚力的政治引领作用。专门委员会是实现党对人民政协全面领导的重要环节，担负着“落实下去”“凝聚起来”的政治责任，是巩固共同思想政治基础的重要力量，为政协履职打牢政治基础。二是制度运行的组织服务作用。人民政协是科学、有效、管用的制度安排，专门委员会是这一制度运行的组织依托，承担着有组织有系统开展各项履职活动的重要任务，是政协履行职能的主要实施者，为政协履职打牢组织基础。三是协商议政的智力支撑作用。人民政协是国家治理体系的重要组成部分，专门委员会按照不同领域设立，聚集了一批具有专业知识和丰富经验的委员，在深入调研、协商议政中提出高质量的意见建议，为政协履职打牢智力基础。四是搭建平台的特色载体作用。人民政协是专门协商机构，专门委员会搭建各具特色的协商平台，推动协商主体深入讨论交流，拓宽各界有序政治参与渠道，推动了协商民主广泛多层制度化发展，为政协履职打牢平台基础。五是联系界别、服务委员的桥梁纽带作用。政协委员是各党派团体和各族各界代表人士，专门委员会通过界别、委员了解社情民意，反映群众呼声和诉求，为政协工作提供第一手资料。同时，专门委员会鼓励支持界别、委员面向社会传播正能量，为政协履职打牢社会基础。六是机制创新的助力推动作用。专门委员会是政协工作制度机制的执行者，在实践中不断探索创新，结合时代发展和实际需求，提出新的工作思路和举措，为政协履职打牢发展基础。

坚持以改革创新精神推动专门委员会进一步发挥基础性作用。进一步发挥专门委员会基础性作用，就要持续推动委员自觉投身凝心聚力、决策咨询、协商民主、国家治理第一线的具体实践，从以下方面做好工作，在新征程上充分展现人民政协的旺盛生命力。

一是进一步加强思想政治引领。坚持把加强思想政治引领、广泛凝聚共识作为中心环节，发挥专门委员会分党组领导作用，发挥党员委员先锋模范作用，深化分众化、差异化规律研究，做好各党派团体、各族各界人士思想引领工作，不让一名委员思想掉队、履职滑坡，努力推动实现政治上团结合作、思想上共同进步、行动上步调一致。

二是进一步提高履职能力。坚持以改革创新精神推进履职能力建设，提升专门委员会委员和机关干部“两支队伍”的理论素养、专业能力，通过提高与党政部门沟通效能，帮助委员更好知情明政。同时，加强新型智库建设，既观照现实，着力推动解决当前难题，更着眼长远，深入研究全局性、战略性、前瞻性问题，积极推动建言成果转化为推动高质量发展的政策举措。

三是进一步打造协商品牌。不断拓展协商方式和平台是提高协商民主质量的重要基础。在这方面，我国各地区通过探索积累了有益经验。有的省级政协指导专门委员会打造协商品牌，由各专门委员会承办“主席·委员专家深聊会”，组织委员和专家学者、行业代表进行小范围深入协商，通过协商出办法、出共识、出感情、出团结。

四是进一步深化团结联谊。围绕建设委员之家、民主之家、团结之家，提高委员履职服务管理效能，强化委员责任担当，根据专门委员会联系的界别特点，紧密联系界别群众、深化港澳台侨工作、加强对外交流交往，多做强信心、聚民心、暖人心、筑同心的工作，当好党的政策宣传者、群众利益维护者、社会和谐促进者，在大团结大联合中提升共识度、拓展团结面。

五是进一步推动制度机制创新。推动优化专门委员会设置，建立跨专门委员会、跨界别、跨专业履职机制，健全同级政协、各级政协专门委员会联合调研、联动协商机制，完善专门委员会与有关部门联动工作机制，提升整体合力。尊重群众首创精神，及时将实践中探索的行之有效的做法固化为工作机制，增加制度供给，切实坚持好人民政协制度、发展好人民政协事业。

（作者：全国政协委员，广东省政协主席）

推动人民政协工作高质量发展需要把握好八个重要关系

姚增科

习近平总书记在庆祝中国人民政治协商会议成立75周年大会上的重要讲话，高屋建瓴、思想深邃、内涵丰富，是做好当前和今后一个时期政协工作的根本遵循。落实落细重要讲话要求，推动人民政协工作高质量发展，要求我们从理论到实践上处理好八个重要关系。

一、把握好“厚”与“薄”关系，既全面系统深入学，又掌握立场观点方法，防止浮于表面、不得要领

“一个民族要走在时代前列，就一刻不能没有理论思维，一刻不能没有正确思想指引。”提高履职能力，必须从学习

开始，强化理论武装，掌握“看家本领”。

“薄读厚”又“厚读薄”。大道至简。习近平新时代中国特色社会主义思想是统揽政协工作的总纲。“深入”，要认认真真原原本本地学，了解这一重要思想产生的时代背景、历史源流、实践基础。“浅出”，要领悟蕴含其中的精髓要义，特别是人民立场、唯物观点、辩证方法，既知果又明因，既得“鱼”又知“渔”。

重广博又重专精。三百六十行，干一行就得爱一行、钻一行、专一行。作为“塔基”，丰厚履职必备科学理论，知晓人工智能等科技前沿新知识；作为“塔身”，掌握协商议政必用专业知识，形成“T”字形理论知识结构，成为博而又专的政协“工匠”。

读书又读人。重视读有字书。学“五史”，了解“协商建国、共创伟业”的光辉历程，“长期共存、互相监督、肝胆相照、荣辱与共”方针的真谛。善于读无字书，倾听“老把式”讲述亲历亲见亲闻人民政协75年来不平凡历程。如关于建设三峡工程、实行每周五天工作制提案建议案，都对党委和政府科学、民主、依法决策产生重要影响和价值。

学中干加干中学。“读书是学习，使用也是学习，而且是更重要的学习。”以学习赋能，坚持理论联系实际，更好把学习成效转化为能力本领和高水平履职尽责的工作实践。

二、把握好“红”与“专”关系，既把牢正确方向，又做好业务工作，防止“口号化”“两张皮”

政治是统帅、是灵魂，是一切工作的生命线。深刻认识人民政协制度和人民政协组织的鲜明政治属性。

态度要旗帜鲜明，更要行动坚决。在任何时候，“讲政治”都不是“说政治”。深刻领悟“两个确立”的决定性意义，坚决做到“两个维护”，语焉不详不行，必须亮明态度，但更为重要的是深化、内化、转化，知行合一，始终以党的旗帜为旗帜，以党的方向为方向，以党的意志为意志。

讲政治又重业务。履行各项职能，都必须有“讲政治”的高度。对标再对标，是否完整准确全面理解和把握习近平总书记有关重要论述；考量再考量，是否聚焦党和国家中心工作；思忖再思忖，是否把加强思想政治引领、广泛凝聚共识作为中心环节，力戒单纯业务观点、技术路径、圆心出偏。

没有脱离业务的政治。政协工作是业务性很强的政治工作，从实体到程序都有其特定的规则范式。商“卡脖子”核心技术破解、人工智能、高质量发展等“国之大者”，议养老、育小、上学、就业、看病、住房、行路诸多民之关切，都不能轻视从专业上研究“怎么办”，力戒把讲政治与重业务对立起来，说外行话，做虚浮功。

三、把握好“点”与“面”关系，既重视下沉一线“解剖麻雀”，又注意多维度比较分析，防止“只见树木、不见森林”

“涉浅水者得鱼虾，入深水者得蛟龙。”调查研究是人民政协履职的基本功，是协商议政质量的前提与保证。

重视调查研究前的“调查研究”。做足功课，选准课题，再沉下身子格物致知。能到乡就不止于县，能到村就不止于乡，能到户就不止于村，力戒“一日看尽长安花”。

倡导“四不两直”式调研。向层层陪同说不，防止“被安排”“被调研”。既总结经验，又发现问题。调研乡村旅游如何叫城里人说好又让乡亲们致富，不妨多以普通游客身份看景区、住民宿，从需求侧向供给侧提建议对策。

善用比较式调研。不以一地为全国，当以全国论一地；不以中国为世界，当以世界论中国。善于在课题所涉领域进行省际国际比较，知己之短之长，晓人之长之短，以大视野、大胸襟学鉴人类文明一切优秀成果，为我所用。

重视调查又善于研究。“吃的是草，挤的是奶”，形象地讲明了调查与研究之关系。在“十月怀胎”与“一朝分娩”之间，有一个必不可少的环节，就是去粗取精，去伪存真，由此及彼，由表及里，力戒重调查轻研究，成为“复印机”“搬运工”。

四、把握好“近”与“远”关系，既重视抬头不见低头见的老同事、老熟人，又走进各方面群众深接地气，防止厚此薄彼、温差过大

协商民主是党的群众路线在政治领域的重要体现。时刻牢记我是谁、为了谁、依靠谁，“一枝一叶总关情”。

突出重点又具广泛性。政协委员社会知名度大、关注度高，一个人可以影响一群人。既在本职工作中当模范，发挥带头作用；又与界别群众多走动，发挥代表作用；还要关心因病返贫者、农民工兄弟等普通群众，关切为贷款发愁、转型犯难、出口心忧的民营企业，力戒爱惜“羽毛”惧商躲商冷商。

“上情下传”与“下情上达”结合。政协工作说到底是做人的工作。通过桩桩件件实事，让群众感受到政协委员是知己者、暖心人。同时，用心解疑释惑、理顺情绪，凝心聚力扮演好党和政府与群众连心桥角色。

“问需于民”又“问计于民”。群众是真正的英雄。“知屋漏者在宇下，知政失者在草野。”当好先生先当好学生，多在田间地头看带露珠的“庄稼”，在茶余饭后听“原生态”的乡音，挖掘群众的思想富矿，发现基层原创验方。

五、把握好“同”与“异”关系，既尊重大多数人主张，又在乎少数人意见，防止以“少数服从多数”代替民主集中制原则

人民政协是一致性和多样性的统一体，参加政协的各党派团体和各族各界人士和而不同，“说一样又不一样”。

固守“同心圆”之心，求一致性之“同”。一致性是共同思想政治基础的一致性。只有把这个“圆心”固牢，“同心圆”半径才伸得远、拉得住。没有一致性，多样性就是一盘散沙。

尊重包容差异，存多样性之“异”。多样性是利益多元、思想多样的反映。人民政协因团结统战而建，强调一致但不强求一律，不能像一张面孔、一盆清水。商以求同，协以成事，最大限度地为推进中国式现代化凝聚人心、凝聚共识、凝聚智慧、凝聚力量。

海纳百川才能百川归海。“能听意见、敢听意见特别是勇于接受批评、改进工作，是有信心、有力量的表现。”鼓励畅所欲言讲真话，实事求是谈问题，正确对待批评哪怕是尖锐刺耳的声音。对各党派团体和各族各界人士，多了解才能多理解，多尊重才能好商量，进一步实现政治上团结合作、思想上共同进步、行动上步调一致。

六、把握好“专”与“兼”关系，既依靠专门委员会和专司委员之责者作用发挥，又强化身兼多职委员责任担当，防止忙闲不均、冷热不一

把人民政协的事情办好，关键在党。政协党组发挥把方向、管大局、保落实的领导作用，各级党组织强化政治功能，善于科学组织、正确引导。

破解委员主体作用发挥不够全面均衡难题。相当多的政协委员身兼数职，仅承担所在部门本职工作就任务繁艰，忙得不亦乐乎，难免会与其委员作用发挥产生矛盾。要弹好钢琴、统筹兼顾，在组织履职活动中，扬其所长、尽其所能，又与其做好本职工作紧密结合、有机契合，取得一举多益之效。

优化重点协商方案生成机制。面面俱到等于面面不到。各类履职活动，秉持“一专就深，一深就实”理念，让宏大主题具体化；又重视专家融入，借力外脑，会同专业人做专门事，提出具有前瞻性、针对性、可操作性对策建议，收获“政协维度 + 政府角度 + 专家深度”之叠加效应。

完善政协委员履职质量考核评价机制。没有检查就难有落实。健全委员履职质量评价体系，形成从工作立项、成果运用到回访评价闭环，发挥履职考评督促激励作用，使委员作业、政协答卷有“颜值”又有“言值”。

保持各级政协密切互动和上对下的联系指导。各级政协

组织，固守一个“同心圆”，遵循一个章程，但一级政协有一级政协的站位和特点。这就需要开展上下联动履职项目，同向发力，精品迭出。

七、把握好“做”与“说”关系，既有善作为满满干货，又有感召人说服力，力戒“有理讲不明，有话说不透”

语言是思想的外壳。政协组织靠的是说得对，而非说了算。有了发言权，还得会发言。

讲“口口到馅”、直奔主题的话。呼应协商对象的关切点、需求点，提倡什么、反对什么，抓关键、抓要害，打开天窗说亮话，不绕弯兜圈、雾里看花。

讲客观辩证、生动鲜活的话。曲高而合众。善用数据、案例、故事表达主旨，力求协商话题讲得有意义又有意思。针对新中国刚建立出现民主党派“可有可无”言论，毛泽东同志讲，“民主党派不是一根头发，而是一把头发，不但要继续存在，而且要继续发展”。习近平总书记讲，“鞋子合不合脚，只有穿的人才知道”。领袖讲话就这样声情并茂，震撼心魂。

讲有交流互动、见仁见智的话。相辅相成加相反相成符合唯物辩证法。如切如磋，如琢如磨，真理越辩越明。营造既有纪律又有自由的氛围，鼓励发表出以公心不同甚至相反意见，多些来回话、较真劲，消除有的人担心讲真话被扣帽子、抓辫子、打棍子的顾虑，力戒各念各稿，自说自话，如平行线互不搭界。

八、把握好“勤”与“廉”关系，既干事又干净，防止利用政协委员影响力谋取私利

对于政协委员整体队伍，党和人民是高度信赖的。肯定政协委员队伍思想、政治、作风之过硬，又看到存在的道德与廉洁风险。把党风廉政建设放到重要位置对待，坚持严管和厚爱相结合、激励和约束相统一，建立一支懂政协、会协商、善议政，守纪律、讲规矩、重品行的过硬队伍，自觉投身凝心聚力、决策咨询、协商民主、国家治理第一线的具体实践，着力画好强国建设、民族复兴最大同心圆。

（作者：全国政协委员、社会和法制委员会副主任，
中国人民政协理论研究会副会长）

深刻把握以改革创新精神推进履职能力建设

王 晶

习近平总书记在庆祝中国人民政治协商会议成立75周年大会上的重要讲话中强调，人民政协要“坚持以改革创新精神推进履职能力建设”。这是党的十八大以来，我们适应中国特色社会主义新时代的形势任务，坚持把马克思主义基本原理同中国具体实际相结合、同中华优秀传统文化相结合，在实践创新基础上推进人民政协理论创新，不断深化的规律性认识之一，是习近平总书记关于加强和改进人民政协工作的重要思想的重要内容。切实把改革创新精神贯穿履行职能各方面全过程，不断改进履职方式，增强履职实效，是人民政协服务推进中国式现代化、进一步全面深化改革、推动高质量发展的必然要求。

一、深刻认识以改革创新精神推进履职能力建设的重要意义

以改革创新精神推进履职能力建设是助力推进中国式现代化的必然要求。党的二十大站在新的历史起点上，擘画了以中国式现代化全面推进中华民族伟大复兴的宏伟蓝图，中共二十届三中全会对进一步全面深化改革、推进中国式现代化作出了战略部署。在推进中国式现代化进程中，人民政协肩负着发扬民主和增进团结相互贯通、建言资政和凝聚共识双向发力的重要职责，必须把握党和国家前进大方向，紧扣党和国家发展大目标，融入党和国家建设大格局，发挥更大作用、作出更大贡献。人民政协只有坚持以改革创新精神推进履职能力建设，积极健全有关工作制度机制，切实加强委员队伍建设，才能适应新时代新要求，充分发挥专门协商机构作用，为推进中国式现代化广泛凝聚人心、凝聚共识、凝聚智慧、凝聚力量。

以改革创新精神推进履职能力建设是把人民政协制度优势转化为国家治理效能的重要条件。习近平总书记强调："人民政协是国家治理体系的重要组成部分，要适应全面深化改革的要求，以改革思维、创新理念、务实举措大力推进履职能力建设，努力在推进国家治理体系和治理能力现代化中发挥更大作用。"人民政协作为社会主义协商民主的重要渠道和专门协商机构，为各党派团体和各族各界人士有序政

治参与和利益表达提供了制度化平台，有利于促进科学决策、有效施策，是推进国家治理体系和治理能力现代化的有效载体。新时代新征程上，人民政协只有紧紧围绕国家治理目标，不断提高履职能力，才能把自身制度优势切实转化为服务国家治理的效能。

以改革创新精神推进履职能力建设是开创新时代政协工作新局面的现实需要。人民政协作为具有鲜明中国特色的政治组织和制度安排，在发展社会主义民主政治和加强社会主义协商民主建设中肩负着重要使命。改革创新是人民政协事业发展的动力之源。推进人民政协履职能力建设，就是要以改革创新的精神，探求把握政协工作的内在规律和外部要求，以改革兴利除弊，以创新增添活力，使政协工作始终体现时代性、把握规律性、富于创造性，不断开创新时代政协工作的新局面。广大政协委员要紧紧围绕习近平总书记提出的“懂政协、会协商、善议政，守纪律、讲规矩、重品行”的要求，进一步解放思想、更新观念，全面提升履职效能。

二、牢牢把握以改革创新精神推进履职能力建设的基本遵循

强化党的创新理论武装、把牢正确政治方向是推进履职能力建设的根本前提。在新时代伟大变革中，习近平新时代中国特色社会主义思想是党和国家必须长期坚持的指导思

想。作为这一重要思想的重要组成部分，习近平总书记关于加强和改进人民政协工作的重要思想科学回答了新时代建设什么样的人民政协、怎样建设人民政协等一系列重大课题，标志着中国共产党对人民政协工作的规律性认识达到新高度。新征程上，推进履职能力建设，把人民政协的显著政治优势更加充分发挥出来，最关键就是要学深悟透做实习近平总书记关于加强和改进人民政协工作的重要思想，奋力开创人民政协事业发展新局面。

强化系统思维、形成履职合力是推进履职能力建设的关键支撑。习近平总书记指出：“万事万物是相互联系、相互依存的。只有用普遍联系的、全面系统的、发展变化的观点观察事物，才能把握事物发展规律。”人民政协用党的科学理论武装头脑、指导实践、推动工作，就必须坚持好、运用好科学的世界观、方法论和贯穿其中的立场、观点、方法，坚持系统观念、加强履职统筹，更好推动政协履职实践。人民政协的成员来自经济社会各个方面、各个领域，协商形式和履职方式灵活多样，面临新形势新任务新要求，需要在履职过程中强化系统观念，善于通过历史看现实、透过现象看本质，把握好全局和局部、当前和长远、宏观和微观、主要矛盾和次要矛盾、特殊和一般的关系，做好统筹安排、增强整体合力，提高履行职能的能力水平和质量成效，更好发挥人民政协作为专门协商机构作用。

强化提质增效、助力发展新质生产力是推进履职能力建设的重要途径。习近平总书记在看望参加全国政协十四届二次会议的民革、科技界、环境资源界委员并参加联组会时指出，要“培育发展新质生产力的新动能。要务实建言献策，助力深化科技体制改革和人才发展体制机制改革，健全科技评价体系和激励机制，进一步激发各类人才创新活力和潜力”。这不仅是对科技界政协委员提出的时代命题，也是人民政协履职工作的方向指引。人民政协具有人才荟萃、智力密集的优势，在新质生产力加快形成、中国式现代化加快建设中当有所作为，也大有可为。人民政协应当紧扣习近平总书记关于发展新质生产力的重要论述，把提高建言谋策实效作为推进履职能力建设的重要抓手，既助力新质生产力发展，又借助新质生产力履职，切实提高科学谋策、民主谋策、依法谋策的水平，以高水平履职服务高质量发展。

三、注重以数字化赋能人民政协履职能力建设

数字中国已成为数字时代推进中国式现代化的重要引擎。为此，要加快形成充分激活数字化智能化、与新质生产力相适应的新型生产关系，为国家治理现代化注入强大动能，从而推动实现中国式现代化。人民政协在推进履职能力建设中，要聚焦数字时代对社会主义民主政治发展的新要求，以数字时代的新理念、新思维积极融入国家治理体系和治理能力的数字化变革，以数字化转型驱动履职方式变革，

推动政协履职流程再造和模式优化，从而推进人民政协履职能力现代化。

创造委员履职新模式，开启人民政协履职新篇章。数字化赋能，可以推动人民政协履职不断适应新形势、创造新模式、增强实效性。加快人民政协履职数字化转型，是主动顺应时代发展潮流、因时因势谋划政协工作的必然要求，是借助数字技术推动新时代人民政协工作高质量发展的客观需要。通过数字技术赋能，能够将数字技术的精准映射优势、分析预测优势、集成整合优势转化为政协协商民主实践发展的优势。广大政协委员在充分发挥自身优势，收集掌握第一手资料的同时，能够利用大数据、云计算、人工智能等数字技术就热点词频、观点聚类、印象表达进行分析，并生成数字画像，为政协精准识别民生痛点、减少服务供给错位提供可能，避免“走马观花”“蜻蜓点水”，全方位提升人民政协履职水平和绩效，拓展协商民主深度与广度，开启人民政协履职新篇章。

搭建数字协商平台，展现人民政协履职新风貌。数字化的发展使协商民主实践得以超越物理时空的局限，克服时间、距离等限制，从而拓宽了协商民主发展的时空场域。人民政协通过搭建数字协商平台，可以破除协商平台孤岛壁垒，推动各协商平台协同联动，形成政协协商矩阵效应，有利于丰富协商内容、拓展协商形式、拓宽各界群众参与政协协商的渠道，提高政协履职透明度和公信力，降低协商民主的显性或隐性成本，提高政协协商资源利用率，从而提升协商实效。同时，依托数字技术多维度处理分析，可以贯通政协履职协作链，充分发挥数据要素的叠加再造效用，探索数字治理时代的共识机制，能够为人民政协建言资政提供高效服务，展现人民政协履职新风貌。

*开辟多元路径，搭建凝聚共识新桥梁。*人民政协是党和政府联系群众、团结各界的桥梁纽带。委员是人民政协反映社情民意、联系群众、服务人民的工作主体。通过数字化赋能，能够提升人民政协联系和团结人民群众的能力，使人民政协能更精准高效地收集民意、反映民意，更好成为党委政府听民声、察民情、解民困的重要渠道。同时，通过数字化赋能，利用数字平台，可以拓宽政协委员讲好、宣传好我国悠久历史、灿烂文化和当代发展故事，我国新型政党制度故事、全过程人民民主故事的渠道，让更多的国内外受众深刻感受到客观真实、可亲可爱可敬的中国形象，以为全面推进强国建设、民族复兴伟业广泛凝心聚力。

（作者：全国政协委员，新大陆科技集团CEO）

充分发挥政协委员主体作用
不断提升专门协商机构效能

丁时勇

习近平总书记在庆祝中国人民政治协商会议成立75周年大会上的重要讲话，全面总结了75年来特别是新时代人民政协事业发展经验，凝练概括习近平总书记关于加强和改进人民政协工作的重要思想的主要内容，为新时代新征程人民政协事业高质量发展指明了前进方向、提供了根本遵循。协商民主是我国社会主义民主政治的特有形式和独特优势，人民政协作为专门协商机构，在国家治理中发挥着不可替代的作用。政协委员作为政协工作的主体，其作用的充分发挥直接关系到政协职能的履行和协商效果的提升。如何有效强化政协委员责任担当、充分发挥政协委员在专门协商机构中主体作用，是新时代加强和改进人民政协工作需要研究和探索的重要方面。

政协委员主体作用的内涵

人民政协作为专门协商机构，其工作主体是政协委员。政协协商要靠委员，作用发挥要靠委员，事业发展也要靠委员。政协委员的主体作用是指政协委员作为履职主体，在履行政治协商、民主监督、参政议政职能时所发挥的作用。发挥政协委员主体作用是做好政协工作的重要基础和关键环节，一方面政协工作的活力在委员，实力在委员，潜力也在委员。另一方面发挥政协委员主体作用，既是由人民政协的性质所决定的，又是建设有中国特色社会主义民主政治的内在要求，同时也是提高政协工作水平的前提和基础。

政协委员主体作用的发挥主要体现在三个方面。一是政协委员既是协商民主的建言者，又是社会主义现代化建设的生力军。二是政协委员既是党和政府联系各党派团体的桥梁，又是党和政府密切群众关系的纽带。三是政协委员既可以是党的政策宣传者，又可以是社会和谐促进者。政协委员要通过建言为党委政府分忧，议政为党委政府献策，监督为党委政府助力。

影响政协委员主体作用发挥的原因是多方面的

（一）对委员职责定位和协商履职的本质认识不够。部分政协委员没有充分认识到协商履职是委员的应尽之责，没有摆正自己的位置、端正自己的履职态度。有的则认为协商履职是要给主管部门提出意见建议甚至是批评意见，会给相关职能部门增堵，甚至是添乱，表现为思想负担过重，畏首畏尾，瞻前顾后，不敢协商。

（二）未能协调好政协工作和本职工作的关系问题。少数政协委员不愿在协商上投入时间和精力，不愿挤占工作和休闲时间参与政协履职，表现为主观上不愿参与协商。有的本身是公务员或事业单位人员，担心山不转水转，提出的意见和建议转了一圈又回到本系统本单位本部门，自找“麻烦”。

（三）履职意愿和履职能力之间存在矛盾。有的政协委员满怀热情，渴望在协商中发挥积极作用，但是不知道如何协商，甚至不会协商。有的不懂得批评建议的方法，不讲究批评建议的方式，不思考批评建议的“艺术”。有的调查研究不深入，看问题较为偏激，以偏概全，较为片面，反映问题不真实客观，不实事求是，导致履职效果大打折扣。

更好发挥政协委员主体作用的意见建议

习近平总书记关于加强和改进人民政协工作的重要思想，深刻回答了人民政协“是什么”“干什么”“怎么干”等重大理论和实践问题，为新时代人民政协事业发展提供了科学指引，是解决问题的“金钥匙”，我们要从中找遵循、找思路、找方法、找答案。习近平总书记还多次强调，要“切实加强政协委员队伍建设”“坚持强化委员责任担当”“把握党和国家方针政策，熟悉政协履职方式方法”和“鼓励和支持委员深入基层、深入界别群众，及时反映群众意见和建议”，等等。为充分发挥政协委员在专门协商机构中的作用，建议从以下几个方面加强探索和改进。

（一）增强委员界别意识，突出政协委员在专门协商机构的履职优势。人民政协作为专门协商机构，是中国人民爱国统一战线组织，组织上具有广泛的代表性，政治上具有巨大的包容性。人民政协代表性和包容性在组织构架上体现为政协界别，要通过完善委员联系界别群众制度机制，让政协委员能够更好发挥主体作用。

要加强与界别群众的联系和沟通，积极听取和反映所联系群众的心声和诉求。政协委员要通过界别发挥主体作用，需建好界别协商平台。一是准确认识和把握界别协商的地位和特征。通过界别协商，界别群众的意愿、诉求能够得到充分表达，从而将相对分散的智慧和力量凝聚起来，有利于提升协商效能。二是建立健全界别协商的基本规范。在界别协商中，和谁协商、协商什么、如何协商、协商成果怎样落实，都应当做到规范化、程序化和常态化。三是以专委会为依托，丰富界别协商平台载体。通过积极培育界别协商文化，形成一种文化认同、文化心理和文化追求，寓凝聚共识于界别协商之中，进一步提升界别协商实效。

优化政协委员结构，更好地凸显政协委员专业优势。进一步优化委员结构，科学设置界别。一定程度上讲，委员对提案的选题与其专业和职业有很大关联，行业相近的委员关注的问题不可避免有许多重复和雷同。就一些地方政协公布的提案内容来看，每年都有不少可以合并处理的提案，这种情况降低了提案关注的问题覆盖面。需要我们从专业上拓宽委员的构成广度，从特长上挖掘委员构成的深度，尽可能减少交叉重叠，扩大委员的代表面，让社会各阶层人士更为广泛地参与政协，更加有效发挥委员的专业特长。

（二）强化知情明政工作，提升政协委员在专门协商机构的履职能力。对信息和情况的充分掌握，是做好工作的基础。政协委员要搞好协商议政，必须把工作重心下沉到基层去，坚持人民政协的人民性，先当“学生”，再当“先生”。

政协委员参与协商要把握“三情”。政协委员在专门协商机构中发挥主体作用需要了解“外情”，知晓“上情”，掌握“下情”。了解“外情”，就是要对国际国内形势有基本的认识和判断。知晓“上情”，就是要通晓国家的路线方针政策，包括全国的、省市的、区县的。掌握“下情”，是指需要熟悉所在乡镇或街道的，甚至社区、村组的基本情况。宏观上了解“外情”，中观上知晓“上情”，微观上掌握“下情”，是做好协商议政的先决条件。

政协委员参与协商需做到“三下”。政协委员知情明政，既要“眼高”，更应“手低”。掌握“下情”是基础中的基础，应把履职工作的重心下沉到基层，努力做到了解群众在想什么、在做什么，积极思考能够为群众做点什么。政协委员作为界别的一员，应始终坚持走群众路线，做到“三下基层”。“一下基层”了解群众在想什么，就是要了解群众的思想动态。社会思想意识从来都是非常复杂的问题，人们关心什么、淡漠什么，支持什么、反对什么，一人有一个思想，一人有一个世界，说到小处是个人意识，汇集起来就是群体思想，更大范围就是社会思潮或社会意识。政协委员通过下基层，就是要收集整理这些个体意识，进行综合分析研判，发现问题及时提出解决办法。“二下基层”是要了解群众在做什么。不但要关注群众在做的事情，还要关心没做的事情，或者没事可做的情况。“三下基层”是在前面两下基层的基础上，带着问题，带着措施，再到基层去，为群众排忧解难，为群众做点什么。“三下基层”既是从群众中来，又是到群众中去，目的是一切为了群众，方法是一切依靠群众。为方便政协委员下沉基层，更好发挥委员联系群众、服务群众的作用，需为政协委员收集“下情”搭建平台。

（三）完善考核评价机制，为政协委员在专门协商机构创造履职条件。政协委员在专门协商机构中主体作用的发挥，需要建立行之有效的考核激励机制。十四届全国政协制定了关于充分发挥全国政协委员履职作用的实施意见，优化了委员履职评价等制度机制。各级政协组织在依据全国政协相关制度机制建立完善政协委员履职考核评价和保障机制时，还可探索采取政协与委员所在单位均进行考核的双轨制的方式，充分调动政协委员履职尽责的积极性、主动性，为政协委员履职创造良好的条件。

政协考核政协委员。对于政协委员的考核，各级各地政协大多制定了考核管理办法。通常情况下，对政协委员提交提案、大会发言材料、撰写社情民意信息、开展调查研究、参加会议活动等都有一定的要求。对没有完成履职任务的委员进行谈话提醒，或者通报委员产生单位（界别）或工作所在单位。对于考核优秀的委员予以表扬或表彰，并在换届推荐时优先考虑。

单位考核政协委员。政协委员年度履职情况，可以书面形式反馈给委员所在的单位，由所在单位把在政协的履职情况纳入其工作整体考核当中。首先，这样做可以解决长期困扰政协委员的问题，即本职工作和兼职工作如何兼顾的问题。纳入所在单位考核后，通过制度规定，政协工作也是政协委员的本职工作，应不分先后，同等重要。其次，有利于引导和督促政协委员所在单位支持其在政协的各项履职，政协委员履职情况在单位亮相和考评，是对政协委员履职的激励和督促。

（作者：全国政协委员、重庆市政协副主席）

发挥港澳台和海外统战工作争取人心作用彰显人民政协统战组织优势

屠海鸣

人心是最大的政治。习近平总书记在庆祝中国人民政治协商会议成立75周年大会上的重要讲话中指出："密切同爱国爱港爱澳政团社团、各界代表人士的联系，助力香港、澳门更好融入国家发展大局，在国家对外开放中更好发挥作用。全面贯彻新时代党解决台湾问题的总体方略，深化两岸各领域融合发展，促进两岸同胞心灵契合，坚决反对任何形式的'台独'分裂活动。广泛团结联系海外侨胞，引导华侨传递好中国声音。要服务国家对外工作大局，向世界讲好中国故事、中国人民民主故事。"习近平总书记这一重要论述为人民政协做好港澳台和海外统战工作指明了前进方向。

一、发挥港澳台和海外统战工作争取人心作用，是彰显人民政协统战组织优势作用的必然要求

人民政协作为最广泛的爱国统一战线组织，是大团结大联合的象征，具有统一战线的组织优势。统战属性是人民政协最基本的属性。

人民政协的组织形式，为争取人心提供了坚强保障。中国共产党领导的多党合作和政治协商制度的形成和发展本身就是中国共产党统战工作的重大成果。1949 年 9 月通过的《中国人民政治协商会议共同纲领》中明确指出，“由中国共产党、各民主党派、各人民团体、各地区、人民解放军、各少数民族、国外华侨及其他爱国民主分子的代表们所组成的中国人民政治协商会议，就是人民民主统一战线的组织形式”。中华人民共和国成立后，人民政协高举团结的大旗，团结一切可以团结的力量，在各个历史时期为促进中华儿女大团结作出了重要贡献。中共十八大以来，以习近平同志为核心的中共中央不断推进人民政协理论创新，深化规律性认识，形成了习近平总书记关于加强和改进人民政协工作的重要思想，在庆祝中国人民政治协商会议成立 75 周年大会上的重要讲话中用“十个坚持”对这一重要思想进行了概括，坚持大团结大联合是“十个坚持”的重要组成部分。当前，人民政协的组织机构更加健全、组织形式更加丰富、组织成员更加广泛，争取人心有坚强的组织保障。

人民政协的独特功能，为争取人心提供了强大力量。在中国政治体制框架中，人民政协以最大的包容性实现中国共产党领导的各党派、各团体、各民族、各阶层的团结，人民政协统战工作宽泛地包含了政党关系、民族关系、宗教关系、社会阶层关系、海内外同胞关系，代表性强、团结面宽、覆盖面大。人民政协功能独特、作用重要、影响力大，能够形成争取人心的强大合力。

人民政协的时代使命，为争取人心提供了广阔空间。习近平总书记在庆祝中国人民政治协商会议成立75周年大会上的重要讲话中指出，人民政协要“切实担负起把中共中央决策部署和对人民政协工作要求落实下去、把海内外中华儿女智慧和力量凝聚起来的政治责任”。“人民政协要完善发挥统一战线凝聚人心、汇聚力量政治作用的工作机制，多做强信心、聚民心、暖人心、筑同心的工作。”新时代新征程，人民政协责任重大、使命光荣，争取人心的空间更加广阔。

二、发挥港澳台和海外统战工作争取人心的作用，应把握好“四对关系”

世界上最宝贵的是人心，最难做的事情是争取人心。发挥港澳台和海外统战工作争取人心的作用，要坚持正确的方法论，把握以下“四对关系”。

一是“说”与“做”的关系。争取人心，必须树立正确认知。发挥港澳台和海外统战工作争取人心的作用，要把握好“说”与“做”的关系，既要针对港澳台侨人士做好服务工作，更要讲好“中国故事”，引导他们树立正确认知。当前，应重点讲好“六个故事”：一是“中国共产党为什么能？”，二是“中国特色社会主义制度为什么行？”，三是“中国全过程人民民主有什么优势？”，四是“中国式现代化有什么特征？”，五是“中华民族为什么生生不息？”，六是“中华文明为什么绵延不绝？”。

二是普遍性与特殊性的关系。争取人心，必须做到有的放矢。港澳、台湾和海外的情况各不相同，在港澳、台湾和海外争取人心，应把握好普遍性与特殊性的关系，既把握共同规律，又注重各自区别。“一国两制”下的香港和澳门两个特别行政区在国家高水平对外开放中具有不可替代的特殊作用，港澳要实现更好发展也必须搭乘国家发展的快车。港澳的坚强后盾是祖国、最大机遇在内地，唯有发挥港澳所长，加快融入国家发展大局，才能拓展发展空间、赢得发展机遇。台湾自古以来是中国不可分割的领土，“台独”是死路一条，祖国统一是历史必然，反“独”促统是站在历史正确的一边。国家强盛、民族复兴，中华儿女在海外就有尊严、有地位、有自豪感和荣耀感，实现中华民族伟大复兴是全体中华儿女的共同梦想。

三是当前与长远的关系。争取人心，必须绵绵用力、久久为功。争取人心是一项艰难的工作，也是一个漫长的过程，等不得，也急不得。从眼前看，重点在于“说得对”。今天的中国，日益走近世界舞台的中央，中国的一举一动，都备受世界关注。争取人心，必须主动掌握话语权。针对时事热点，我们要主动发声、及时发声，讲清事实，澄清谬误；针对治理难点，我们要讲清原因，梳理脉络，探讨出路；针对意见分歧，我们要各抒己见，求同存异，寻求共识。从长远看，重点在于“说得好”。要善于以共同历史记忆、共有精神家园深化文化认同、价值认同；要善于以执政成就、共同奋斗目标强化道路认同、制度认同；要善于以思想政治建设、照顾利益关切增进理论认同、政策认同。以认同感的提升，促进归属感、亲近感的提升，推动形成“心往一处想、劲往一处使”的生动局面。

四是经济效益与政治效益的关系。争取人心，必须坚持两点论和重点论的统一。既要追求经济效益，也要追求政治效益，重点是政治效益。一些地方在与港澳台侨人士的交流交往中，往往把招商引资放在首要位置。通过经济合作，建立利益联系，促进彼此了解，共同推动发展，这当然是好事，但这并非争取人心工作的全部。我们应从战略高度和全局角度看待争取人心的重要意义，把握好经济效益与政治效益的关系。时下，世界百年未有之大变局加速演进，地缘政治冲突日益加剧，国际局势的不确定性因素不断增加，西方反华势力对中国的遏制和打压不会停止，也不会手软，不排除未来遭遇惊涛骇浪的风险。关键时刻的人心向背、力量对比，将深刻影响中国的前途命运。争取人心，就是争取未来。发挥港澳台和海外统战工作争取人心的作用，必须把政治效益放在第一位，不断筑牢团结奋斗的共同思想政治基础。

人民政协走过了光辉的75年，具有深厚的文化基础、理论基础和实践基础。遵循习近平总书记的重要讲话精神，在新时代新征程上，人民政协一定能发挥好统一战线组织优势，争取人心，凝聚力量，画好强国建设、民族复兴的最大同心圆。

（作者：全国政协港澳台侨委员会副主任，
香港新时代发展智库主席）

向国际社会讲好社会主义协商民主的故事

杜占元

人民政协是我国政治文明的重要组成部分，是中国共产党领导各民主党派、无党派人士、人民团体和各族各界人士在政治制度上进行的伟大创造。习近平总书记在庆祝中国人民政治协商会议成立75周年大会上的重要讲话中指出，“要服务国家对外工作大局，向世界讲好中国故事、中国人民民主故事”。习近平总书记的这一重要论述，为做好人民政协的国际传播工作提供了根本遵循。

一、人民政协在人类政治制度发展史上具有独特价值

人民政协诞生于中国人民争取民族独立和人民解放取

得历史性伟大胜利之际，开启了中国共产党领导各党派团体和各族各界人士协商建国、共创伟业的新纪元，在人类政治制度发展史上具有独特价值。

人民政协展现了中国特色社会主义民主政治发展完善的历程。作为中国共产党领导的多党合作和政治协商的重要机构，人民政协是实现人民民主、促进国家决策科学化和民主化的重要平台。在不同历史时期，人民政协会聚了众多有识之士和社会贤达为国家发展资政建言，凝聚了各方智慧和力量，成为中国特色社会主义民主政治蓬勃发展的真实写照。

人民政协揭示了协商民主制度根植于中华优秀传统文化的根基源泉。中国协商民主坚持“天下为公”“以和为贵”的原则，团结各界有识之士秉持公心、共商国是；坚持“民为邦本”的初心，广开言路、博采众谋，通过了解民情、反映民意、汇集民智确保国家政策更加贴近民众需求；弘扬兼容并蓄、求同存异等优良传统，广泛汇集各党派团体和各族各界人士进行有序政治参与和利益表达。

人民政协提供了人类政治文明新形态的中国答案。与西式民主不同，人民政协制度确保了人民在国家政治生活中的广泛参与和民主权利的实现。通过组织保障和政治凝聚功能，充分发挥各民主党派和无党派人士的积极作用。践行民主原则，使国家机构运行和社会生活各方面都能听到人民的声音。人民政协的成功实践是人类政治文明发展历程中的崭新探索，为世界政治多样性和民主发展贡献了中国智慧。

人民政协搭建了中国对外交往和文明互鉴的宽广桥梁。自成立之始，人民政协就承担起开展公共外交的职责使命，是国家整体外交布局的重要组成。新时代以来，人民政协搭建了一系列公共外交平台，持续性、机制性开展公共外交活动。2023年，全国政协及所属机构组织出访23批次，与50个国家的200多个机构交流互动，同41家国外智库和12个民间组织新建立联系，积极推动国际社会理解中国发展、增进中外友好合作。

二、人民政协是国际社会观察认知中国式民主的鲜活窗口

中国新型政党制度拓展了人类政治文明维度。中国新型政党制度以合作、参与、协商为基本精神，以团结、民主、和谐为本质属性，实现了执政与参政、领导与合作、协商与监督的有机统一。2023年发布的《中国民主实践与现代化发展全球调查报告》显示，各国受访者对于“各国应该选择适合本国国情的民主与现代化模式”这一说法的平均认可度达到95.7%，对全过程人民民主的丰富内涵表示出高度赞同，认为其为人类政治制度树立了标杆。

协商民主深刻体现了中华民族的政治传统和智慧。中国

自古以来就有注重民意与协商、团结与共识的政治传统，协商民主是从中国土壤中生长出来的。连续三年发布的《中国民主实践与现代化发展全球调查报告》显示，中国传统治国理政思想持续引发世界共鸣。各国受访者认为“法治”“和为贵”“仁政”思想等中国传统理念对当今时代的国家治理和全球治理具有重要意义，特别是发展中国家对“和为贵”思想的认同度均超过了90%。

协商民主有效提高了中国政府的行政效率和效果。通过在合作中发展、在协商中求同的制度安排，协商民主有效避免了西方政党政治中的否决政治、议而不决、决而不行等问题，推动国家治理体系和治理能力的现代化。美中合作基金会执行主席约翰·米勒－怀特称，“全国人大、全国政协通过反馈机制确定14亿多民众的需求和优先事项，进而制定公共政策。在这些反馈机制的共同作用下，中国政府成为全球最有效率、最负责任的代议制政府之一”。

三、宣介阐释社会主义协商民主的丰富内涵

围绕“人”，讲好以人民为中心的故事。政协委员在人民群众中生活、工作，代表各界群众参与国是，人民的关切在哪里、人民政协的工作就跟进到哪里。数据显示，2023年全国政协共收到提案5621件，立案4791件，其中绝大多数提案内容都事关人民群众切身利益。围绕“人”宣介阐

释社会主义协商民主，就要瞄准就业、教育、医疗卫生、养老托幼、社会保障等民生领域，深入挖掘政协委员为民协商、为民建言、为民监督、为民尽责的生动故事，增进国际社会对“人民政协为人民”的理解认知。

聚焦“民”，讲好中国特色协商民主的故事。从世界各国治理实践来看，在复杂多元的国内外环境中回应不同利益群体的需求与期望，已成为有效治理国家不容回避的课题，也是对一个国家采取的民主制度是否真实、有效的检验。人民政协为各党派团体和各族各界人士有序政治参与和利益表达提供了制度化平台，显示出强大生命力。聚焦“民”宣介阐释社会主义协商民主，就要充分展现协商民主在中国产生、发展的过程以及当代的生动实践，向国际社会介绍协商民主所蕴含的求同存异、以和为贵的相处之道，积极推动世界各国平等普遍参与全球治理和国际关系民主化进程。

立足“政”，讲好中国新型政党制度的故事。人民政协是实行新型政党制度的重要政治形式和组织形式，为民主党派、无党派人士等党外代表人士发表意见、提出建议等作出了制度性安排。立足“政”宣介阐释社会主义协商民主，就要牢牢把握其理论独到性、制度独特性，探索构建对外话语体系，充分阐释这一制度在提高国家治理能力、促进社会发展进步等方面的优势作用，讲清楚这一制度是中国独有、适合中国国情的政党政治模式，是中国为世界政党制度发展提供的中国智慧。

紧扣“协”，讲好中华民族团结的故事。作为最广泛的爱国统一战线组织，人民政协始终是大团结大联合的象征，在不同历史时期为促进政党关系、民族关系、宗教关系、阶层关系、海内外同胞关系和谐，增进中华儿女大团结作出了重要贡献。紧扣“协”宣介阐释社会主义协商民主，就要围绕人民政协的统一战线组织功能，挖掘多党合作的佳话、港澳台同胞和海外侨胞积极参与社会主义现代化建设的故事、各宗教拥护中国共产党的故事，展示人民政协在铸牢中华民族共同体意识、推动中华民族伟大复兴进程中发挥的重要作用。

四、广泛汇聚讲好社会主义协商民主故事的强大合力

坚持思想引领，深入宣介阐释习近平总书记关于加强和改进人民政协工作的重要思想。习近平新时代中国特色社会主义思想是统揽政协工作的总纲。在国际传播中，要坚持以对外宣介习近平新时代中国特色社会主义思想为首要任务，不断扩大《习近平谈治国理政》等重要著作的翻译出版语种和海外发行宣介覆盖。深入宣介习近平总书记关于加强和改进人民政协工作的重要思想，阐明人民政协对于推进国家治理体系和治理能力现代化具有重大意义。

加快话语构建，增强中国话语和中国叙事体系的感召

力。高度重视和做好中国式民主实践核心理念的对外话语研究，提炼简明易懂的国际化表述和标识性概念，形成话语共识和传播共识。创新对外话语表达方式，把我们想讲的和国外受众想听的结合起来，把“自己讲”和“别人讲”结合起来，将中国式民主以具有亲和力感召力的方式传播出去。

推动融合创新，多渠道多平台阐释人民政协践行全过程人民民主的丰富实践。深入研究和挖掘中国式协商民主作为国际表述的内容和特色，加强议题设置和传播创新，推出多语种多形态的融媒体精品，拓展数字化、网络化、智能化传播渠道。加强国际传播研究，开展区域化、分众化传播，拓展人文交流和对外交往，推动国际受众更好理解中国民主实践的价值理念、路径模式及其世界意义。

增进文明互鉴，进一步增强中国道路、理论、制度、文化的国际认同。从中国的民主实践出发，推动各国围绕构建符合自身国情的民主制度模式开展研讨。依托协商民主制度和实践，深化各国不同发展模式和多元文明交流互鉴，推动国际社会借鉴中国经验，完善全球治理体系，为人类文明进步作出新贡献。

加强协同协作，广泛汇聚讲好协商民主故事的强大合力。加强顶层设计和统筹协调，充分发挥人民政协在对外交往中的优势作用，团结一切可以团结的力量，引导委员对外积极发声。加强各级政协组织与国际传播机构的协同合作，推动协商民主的内容资源与专业性国际传播资源优势互补，助力国际社会正确认知中国共产党领导的多党合作和政治协商制度，更好地读懂人民民主故事。

（作者：全国政协常委、中国外文局局长）

坚持系统观念
充分发挥人民政协专门协商机构作用

孙　伟

习近平总书记在庆祝中国人民政治协商会议成立75周年大会上的重要讲话，立足新时代新征程，从推进中国式现代化的战略和全局高度，对当前和今后一个时期人民政协工作作出全面部署，为人民政协事业高质量发展指明了前进方向、提供了根本遵循。我们在实践中深刻体会到，习近平新时代中国特色社会主义思想是做好一切工作的思想之源、理论之基。充分发挥人民政协专门协商机构作用，必须把习近平新时代中国特色社会主义思想作为统揽政协工作的总纲，把握好这一重要思想的世界观和方法论，坚持好、运用好贯穿其中的立场观点方法。

一、系统观念是专门协商机构必须坚持的重要思想方法和工作方法

坚持系统观念，是习近平新时代中国特色社会主义思想世界观和方法论的重要内容，是人民政协必须坚持的重要思想和工作方法。

（一）这是专门协商机构把牢正确政治方向、围绕中心服务大局的根本要求。当今，世界之变、时代之变、历史之变不断向广度和深度延展，我国改革发展稳定任务之艰巨繁重前所未有。人民政协更好担负起把党中央决策部署和对人民政协工作要求落实下去、把海内外中华儿女智慧和力量凝聚起来的政治责任，根本在于全面系统把握习近平新时代中国特色社会主义思想的科学体系，完整、准确、全面贯彻落实习近平总书记关于加强和改进人民政协工作的重要思想，深刻把握其丰富内涵、理论品格、实践要求，牢牢把握正确政治方向，坚持聚焦党和国家中心任务履职尽责，助推党和国家重大决策部署、省委工作要求落地见效，为奋力推进中国式现代化湖北实践、加快建成中部地区崛起重要战略支点，广泛凝聚人心、凝聚共识、凝聚智慧、凝聚力量。

（二）这是专门协商机构助力全面发展协商民主、践行全过程人民民主的内在要求。我国协商民主包括政党协商、人大协商、政府协商、政协协商、人民团体协商、基层协商以及社会组织协商等协商渠道，是一个有机整体。这就要求

在发展社会主义协商民主的全局视野下，系统思考和谋划人民政协工作，既立足重要渠道的特点和实际，把协商民主贯穿履行职能全过程，发挥好专门协商机构的独特作用；又加强同其他协商形式的协同配合、有效衔接，做到目标一致、形成合力，在发展全过程人民民主中把人民政协的鲜明中国特色和显著政治优势更加充分地发挥出来。

（三）这是专门协商机构加强履职能力建设、提高建言资政质量的客观要求。人民政协由界别组成，政协委员来自社会各个领域，政协上下级组织之间是指导关系，政协履职内容涉及面广，履职方式灵活多样。这些特点既是政协工作的优势，也对发挥专门协商机构作用提出了更高要求。必须坚持系统观念，加强履职统筹，推动协商议题更加聚焦、履职力量更好协同、组织实施更加科学，实现职责之“专”与履职之“博”的辩证统一，有力提高专门协商机构履职质效。

二、把系统观念落实到专门协商机构履职各方面全过程

方法的价值在于运用。坚持系统观念，需要把观念强化为理念、把方法细化为方案、把机理固化为机制，在履职实践中全过程、全要素、全维度用好统筹办法，前瞻性思考、全局性谋划、整体性推进专门协商机构工作，更好担负起政

治协商、民主监督、参政议政的重要职能。

（一）统筹“国之大者”、省之要事、政协所长，优化协商计划生成机制。人民政协按照协商计划开展工作、围绕协商议题议政建言。制定好协商计划和议题，是人民政协发挥专门协商机构作用的“最先一公里”，从源头决定着履职的方向、效能和成果。我们始终把旗帜鲜明讲政治作为政协工作的生命线，聚焦推进中国式现代化，着眼于党和国家中心任务履职尽责，按照“根、干、枝”工作思路建立和实施协商计划生成机制。

“根”就是着力健全凝心铸魂的学习体系，牢牢把握根本遵循。把学懂弄通做实习近平新时代中国特色社会主义思想作为首要政治任务，完善以党组集体学习为引领，党内党外联动学、结合履职融通学、集中教育一体学的学习体系。分层次细化和落实“第一议题”学习制度，全覆盖开展委员读书、理论学习和政治培训，坚持每项履职活动以专题理论学习为“第一议程”，把重在平时的常态学、系统学与着眼履职的专题学、重点学结合起来，把党的创新理论武装贯穿履职工作的全过程、各方面，引领全体委员深刻领悟“两个确立”的决定性意义，坚决做到“两个维护”，自觉坚定地把习近平新时代中国特色社会主义思想和中共中央对人民政协的工作要求，作为研究谋划和推动工作的根本遵循。

“干”就是着力打造知情明政的工作矩阵，认真厘清履职重点。省委、省政府工作要求和重大安排、重点工作，是推动党中央决策部署落实落地的具体举措，也是省政协履职的主要依据和着力点。我们创设楚商茶座、楚风书院、楚风讲堂等一系列“楚字号”特色工作品牌，依界别、有重点、按计划举办政情通报会、形势分析会，深入开展调研视察、联系走访等活动，既把成绩亮点讲充分，把政策考量讲清楚，也不回避发展中的问题，寓思想政治引领于深度协商互动之中，团结引导全体委员增强信心和底气，明确方向和重点，强化责任和担当，更加自觉向中心聚焦、为大局出力。

“枝”就是着力完善聚同化异的程序安排，充分体现协商优势。按照根本遵循和主要依据，完善工作制度和协商民主程序，把充分协商贯穿于协商计划生成的各个阶段。在谋题阶段面向全体委员广泛征集议题，面向党政部门深入交换意见；在选题阶段认真与党中央决策部署和省委工作要求对标对表，开展涵盖各个界别的协商讨论；在定题阶段做好委员的定向意见反馈，加强面向社会的宣传阐释，通过制度运行和民主程序，推动充分发扬民主、正确实行集中、有序政治参与有机结合，让协商计划生成过程切实成为统一思想和行动、凝聚共识和力量的过程。

十三届湖北省政协围绕“加快建成中部地区崛起重要战略支点”这一目标任务，经过认真学习梳理、广泛征求意见、深入协商研究，提出推进流域综合治理、建设现代化产业体系、保障和改善民生等 7 个协商主题，分年度选择不同切口确定协商子题、制定协商计划，报请省委批准后认真组织实施。

（二）统筹协商内容、协商方式、协商成果，优化协商活动组织实施机制。协商是人民政协的“看家本领”，专门协商机构作用要通过每一项具体协商活动来实现。提高协商活动质效，内容、方式、成果是三个关键要素，内容决定协商价值，方式决定协商效果，两者相互作用并统一于高质量的协商成果。因此，组织实施协商活动要注重统筹“三要素”，坚持一体谋划、相互匹配、有机融合，做到协商内容务实聚焦、协商方式综合运用、协商成果彰显质效。

一是深入调查研究，强化目标管理。树牢没有调查研究就没有发言权、没有调查研究也没有建言权的理念，把高质量调查研究作为协商的基本功和前提，坚持调研于协商之前。协商计划确定后，统筹各方力量，运用多种方式，开展深入调研，力求既掌握上情下情，又了解内情外情；既以基层一线实际为基础，又以科学研究论证为支撑；既有成绩经验的总结梳理，也有问题原因的深入剖析，提出解决问题的意见建议，形成综合调研报告和若干子题目的专项调研报告。在此基础上，进一步校准协商活动的切入点、聚焦点、着力点，做到协商前脑中有事、协商时口中有话、协商中心中有数，确保建言建在需要时、议政议到点子上、监督监在关键处。

二是抓好贯通衔接，强化过程管理。坚持规范性与包容性相统一，建立重要协商活动复盘制度，不断完善协商工作规则和协商活动流程，更好发挥政协协商的特点和优势，促进不同思想观点的充分表达和深入交流，真正通过协商出办法、出共识、出感情、出团结。坚持主导性与多样性相统一，以重点协商会议为主体，系统开展书面协商、现场协商、网络协商等多种活动，实现面对面沟通协商、点对点互动协商、场内场外联动协商、线上线下同步协商的生动局面。坚持整体性与阶段性相统一，做实协商前的调研与沟通，加强协商中的互动与建言，注重协商后的跟踪与落实，真正做到广纳群言、广集众智、广谋良策，不断提升协商活动整体效能。

三是构建成果体系，强化质量管理。围绕协商主题及子题，精心打磨总报告和分报告；根据工作需要，精选协商意见形成建议案、提案等；坚持综合性反映与专业性建言相结合，根据协商进展及时形成社情民意信息快报和专报，高质量、多类型构建成果体系，全方位、多角度展示协商成效。持续做好协商成果的反映、跟踪、回访、反馈，促进采纳运用、推动办理落实。牢固树立质量导向、效果导向，建立协商议政质量体系、评价标准和全过程评价机制，从组织实施、办理落实、转化运用等各环节进行科学评估。

（三）统筹履职时间、履职方式、履职力量，优化履职工作整体推进机制。发挥专门协商机构作用是一项系统工程，需要从整体上把握和推进履职工作。从专门协商机构的运行机理来看，这种整体性突出体现为履职时间、方式、力量“三维度”。

一要纵向统筹时间维度，增强履职连贯性。人民政协履职既要重点关注发展面临的新问题，也要助力解决长期存在的老问题；既要推动解决阶段性的突出问题，也要密切跟踪可能出现的衍生问题；既要善于发现问题、提出建议，也要发挥职能优势、推动落实。有些问题还需要连续跟进，运用不同履职方式，通过多种途径，推动解决。我们紧扣事关经济社会发展全局的重大选题，持续找切口、定子题，在研究制订年度工作计划时，明确要求上一年度调研视察发现的新课题占一定比例，上一年度民主监督掌握的新问题占一定比例，持续跟进的协商议题占一定比例，做到前后联系、远近结合，扭住问题、跟踪推进，久久为功、善作善成。

二要横向统筹方式维度，增强履职适配性。人民政协具有调研视察、协商会议、民主监督、提案工作、反映社情民意信息等主要履职方式，虽然侧重点各有不同，但密切关联、互为依托，在不同履职条件下可以综合运用、相互转化。我们坚持精准履职，按照因事制宜、因题制宜的原则，根据不同议题、不同阶段的具体需要，明确履职方式，形成制度安排；坚持综合运用，探索统筹多种履职方式的有效形式，把专项民主监督活动与界别活动、提案办理协商等结合起来开展，推动履职方式集成化、履职效能最大化；坚持系统施策，注重将调研视察掌握的情况转化为协商建言、建议案和提案，将协商会议、民主监督、提案提出的意见转化为深入调研的题目，加强各种履职方式的有机链接。

三要左右上下统筹力量维度，增强履职协同性。人民政协的履职需要把左右上下的力量更好组织起来，形成心往一处想、劲往一处使的良好格局。我们以议题为纽带，发挥党派团体的组织优势、领域界别的专业优势，深化联合协商，着力完善合作共事机制性安排。开展“一线协商·共同缔造”行动，发布全省共性指导议题，组织引导全省各级政协组织和广大政协委员开展联动调研、联动协商、联动民主监督，既推动解决点上的突出问题，又推动解决面上的类似问题；既注重点上经验的总结推广，又注重面上要求的落地见效。

三、坚持系统观念推进专门协商机构自身建设

面对新形势新任务新要求，充分发挥专门协商机构作用，要坚持内外兼修、建用并举，推动专门协商机构建设各方面、各环节有机衔接、系统集成，以高水平自身建设保障履职质效充分发挥。

（一）强化引领，一体推进党的建设与履职能力建设。人民政协是党领导的政治组织，是坚持和加强党对各项工

作领导的重要阵地。省政协党组充分发挥把方向、管大局、保落实的领导作用，着力健全落实党对政协工作领导的组织体系和制度机制，成立省政协党的建设工作领导小组，夯实“政协党组—机关党组—机关党委—机关党支部”和“政协党组—专委会分党组—党员委员活动小组”双线多层、互促共进的组织体系；成立 31 个界别工作小组，将中共党员委员编入相关界别工作小组发挥引导带动作用，推动委员党建与机关党建、政协党建与政协履职深度融合，以高质量党建引领政协事业高质量发展。

（二）聚焦重点，统筹推进制度化、规范化、程序化等功能建设。系统完善的制度体系，是人民政协制度更加成熟更加定型的直接体现。我们认真贯彻落实党的二十届三中全会关于健全协商民主机制的重要部署，在健全深度协商互动、意见充分表达、广泛凝聚共识的机制，加强人民政协反映社情民意、联系群众、服务人民机制建设，完善人民政协民主监督机制等方面贯通发力，开展规范化建设专项提升活动，持续推进制度性文件“立改废”工作，着力构建贯彻中央精神、落实省委要求、体现政协特色、务实推动工作的制度体系。

（三）强基固本，扎实推进“两支队伍”建设。政协委员是政协工作的主体，政协机关干部是政协履职的重要保障力量。我们把加强思想政治引领、广泛凝聚共识作为中心环节，强化委员学习培训和履职服务管理，创新发挥委员主体作用的方式方法，引导委员不断提高思想认识水平和履职本领，自觉投身凝心聚力、决策咨询、协商民主、国家治理第一线的具体实践。我们以“政治坚定、业务精通、极端负责、规范高效、团结协作、勤政廉洁”为要求，不断深化模范机关建设，切实加强干部思想淬炼、政治历练、实践锻炼、专业训练，持续打造政治过硬、本领高强的机关干部队伍。

（作者：全国政协委员，湖北省政协主席）

不断推动协商民主广泛多层制度化发展

孙大伟

习近平总书记在庆祝中国人民政治协商会议成立75周年大会上的重要讲话中对全面发展协商民主作出系统部署，提出许多新思想新观点新论断，进一步回答了为什么协商、协商什么、怎样协商等重大问题，为新征程全面发展协商民主提供了科学指引和根本遵循。不断推动协商民主广泛多层制度化发展，是进一步全面深化改革、推进中国式现代化的必然要求，是发展全过程人民民主的内在要求，也是践行以人民为中心的发展思想的现实要求。

一、深刻认识我国社会主义协商民主的发展历程

我国协商民主植根于中国历史文化，产生、发展、创新于中国的革命、建设、改革的伟大实践中，是具有中国特色的重要制度安排。

（一）人民政协的成立奠定了我国社会主义协商民主实践之基。1949年9月，中国人民政治协商会议第一届全体会议召开，中国共产党同各民主党派深入协商，共同制定3部法律、作出4项决议，选举产生政协全国委员会和中央人民政府委员会，标志着中国共产党领导的多党合作和政治协商制度正式确立，也意味着协商民主成为重要制度安排，具有里程碑的历史意义。

（二）新中国成立以来我国社会主义协商民主的初步探索发展。新中国成立初期，人民政协代行人民代表大会职权，为恢复和发展国民经济、巩固新生人民政权、完成社会主义革命、确立社会主义基本制度、推进社会主义建设作出了积极贡献。1954年全国人民代表大会召开后，人民政协不再代行人民代表大会职权，而作为多党合作和政治协商机构、作为统一战线组织继续在国家政治生活和社会生活中开展了卓有成效的工作，我国协商民主进入了新的发展篇章。

（三）改革开放以来我国社会主义协商民主的丰富发展。1978年党的十一届三中全会召开，我国协商民主发展

进入了新时期。我国明确了各民主党派的性质、地位和作用，确立了“长期共存、互相监督、肝胆相照、荣辱与共”的方针，把中国共产党领导的多党合作和政治协商制度确立为一项基本政治制度，协商民主逐步得以制度化、具体化，为努力调动一切积极因素，团结一切可以团结的力量，推进改革开放和社会主义现代化建设作出了重要贡献。

（四）新时代以来我国社会主义协商民主的创新发展。党的十八大以来，中国特色社会主义进入新时代，我国协商民主实现在继承中发展、在发展中创新。以习近平同志为核心的党中央高度重视发展协商民主，全面加强对协商民主的领导，习近平总书记先后出席庆祝中国人民政治协商会议成立65周年、70周年、75周年大会并发表重要讲话，党的十八大和十八届三中全会、十九大、二十大和二十届三中全会就发展协商民主作出一系列新部署、提出一系列新要求，召开中央统战工作会议、中央政协工作会议等重要会议，出台加强社会主义协商民主建设的意见、加强人民政协协商民主建设的实施意见等制度文件，我国协商民主得到全面部署、整体推进，广泛多层制度化发展的良好局面不断发展。

二、准确把握不断推动协商民主广泛多层制度化发展的有益启示

75年来，我国协商民主进行了丰富的实践探索，积累

了很多有益经验，对于今后深入实践具有很强的指导意义。

（一）必须更加注重政治性。坚持中国共产党对协商工作的全面领导，坚持不懈用党的创新理论凝心铸魂，坚持党的领导、统一战线、协商民主有机结合，深刻领悟“两个确立”的决定性意义，增强“四个意识”、坚定“四个自信”、做到“两个维护”，牢牢把握正确政治方向。

（二）必须更加注重协商性。坚持依法开展、有序进行，秉持有事好商量、众人的事情由众人商量的理念，始终围绕中心、服务大局，为各党派团体和各族各界人士有序政治参与和利益表达搭建好制度化平台，把发扬民主贯穿于协商全过程，强化商以求同、协以成事，推动科学决策、有效施策，以协商之合力推动实现人民当家作主，促进经济持续健康发展、社会和谐稳定、国家长治久安。

（三）必须更加注重人民性。坚持协商于民、协商为民，把解决群众急难愁盼问题作为协商的重要落脚点，善于吸收和运用群众智慧和基层经验，更好保障人民群众的知情权、参与权、表达权、监督权，做到察民情、听民声、汇民智、解民忧，让广大群众在协商实践中有更多获得感、幸福感、安全感。

（四）必须更加注重统战性。坚持大团结大联合，坚持正确处理一致性和多样性的关系，坚持好、发展好、完善好中国新型政党制度，发挥人民政协作为最广泛的爱国统一战线组织、作为社会主义协商民主的重要渠道和专门协商机构的作用，多做强信心、聚民心、暖人心、筑同心的工作，最大限度把全体中华儿女智慧和力量汇聚起来，推动形成心往一处想、劲往一处使的生动局面。

（五）必须更加注重整体性。坚持全局观念和系统思维，把握好不同协商渠道在协商理念、价值追求等方面的一致性，以及在职能定位、内容方式、参与主体等方面的差异性，在实践中进一步找准结合点和着力点，增强不同协商渠道的兼容和互补，加强各种协商渠道的协同配合，实现整体推进、形成合力。

三、以充分发挥专门协商机构作用不断推动协商民主广泛多层制度化发展

人民政协作为专门协商机构，具有鲜明中国特色和显著政治优势，在推动全面发展协商民主上具有独特的优势和作用。

（一）以丰富协商平台和方式推动协商格局更加广阔。坚持和完善以政协全体会议、专题议政性常委会会议和专题协商会为重点，对口协商会、界别协商会等为常态的协商议政格局。优化政协重点协商方案生成机制，科学制定年度协商计划、重点民主监督计划、视察考察调研计划等，强化调查研究基本功，深入推进协商议政，发挥协商式监督优势，统筹开展会议、视察、提案、调研和社情民意信息监督，推

动协商议政更有为、民主监督更有效。深入探索打造线上协商民主平台，不断推动组织在线、履职在线、沟通在线。

（二）以强化改革创新推动协商制度机制更加健全。探索加强政协协商同其他协商形式的协同配合的有效路径，推动建立健全制度规范、工作规则，助力完善协商民主体系。完善协商工作规则，健全深度协商互动、意见充分表达、广泛凝聚共识的机制。健全协商于决策之前和决策实施之中的落实机制。加强反映社情民意、联系群众、服务人民机制建设。完善数字变革赋能机制，以数字化方式推动政协工作质量变革、效率变革、动力变革。尊重人民群众首创精神，坚持吸收和运用群众智慧，紧紧依靠群众推进协商民主建设。加强深度研究、前瞻性研究，及时总结提炼经验做法，有效上升为制度规范。

（三）以加强协商成果转化运用推动协商成效更加凸显。加强协商成果的分类整理报送，综合运用好报告、政协提案、大会发言、反映社情民意信息等，通过直接和转化的方式将意见建议报送党委、政府。加强协商成果的跟踪反馈，做好与协商意见办理部门的对接联系，及时跟踪协商成果的采纳、落实情况，视情况可开展“再协商”，推动协商意见更好落地见效。加强协商成果的宣传展示，探索举办协商成果转化反馈会、交流会，提升协商成果转化运用的水平。

（四）以积极培育协商民主文化推动协商氛围更加浓厚。把协商民主文化培育贯穿于政协协商各项活动中，广泛倡导有事多协商、遇事多协商、做事多协商，做到平等协商、有序协商、真诚协商，推动协商民主文化转化为参加政协的各党派团体和各族各界人士的自觉行动。统筹用好新闻媒体，深入宣传我国社会主义民主实质和真谛，大力弘扬中华民族兼容并蓄、求同存异等优良传统，加强协商做法和成效的宣传，进一步推动形成既畅所欲言、各抒己见又理性有度、合法依章的良好协商氛围。

（作者：全国政协委员，广西壮族自治区政协主席）

在聚焦党和国家中心任务履职尽责中展现政协新作为

陈　雍

党的十八大以来，以习近平同志为核心的党中央高度重视人民政协事业发展，不断深化对人民政协工作的规律性认识，形成了习近平总书记关于加强和改进人民政协工作的重要思想，习近平总书记在庆祝中国人民政治协商会议成立75周年大会上的重要讲话中概括为“十个坚持”，其中“坚持聚焦党和国家中心任务履职尽责”是重要内容之一，这是人民政协履职尽责的重要原则、优良传统，也是优势所长、价值所在。

一、从民族复兴的历史进程看，人民政协聚焦党和国家中心任务履职尽责意义重大

（一）聚焦党和国家中心任务履职尽责，是人民政协与生俱来的优良传统。1949年，中国人民政治协商会议第一届全体会议召开，开启了中国共产党领导各党派团体和各族各界人士协商建国、共创伟业的新纪元，标志着中国共产党领导的多党合作和政治协商制度正式确立。75年来，在中国共产党领导下，人民政协始终坚持团结和民主两大主题，服务党和国家中心任务，在各个历史时期都做了大量卓有成效的工作，发挥了十分重要的作用。不难看出，聚焦党和国家中心任务履职尽责，既是人民政协的优良传统，更是职责所在、使命所系。

（二）聚焦党和国家中心任务履职尽责，是确保人民政协工作正确方向的重要保证。中国人民和中华民族之所以能够扭转近代以后的历史命运、取得今天的伟大成就，最根本的是有中国共产党的坚强领导。新时代新征程，聚焦党和国家中心任务履职尽责，就是在中国共产党的领导下，为以中国式现代化全面推进强国建设、民族复兴伟业凝心聚力。人民政协事业要沿着正确方向发展，就必须毫不动摇坚持中国共产党的领导。各级政协组织只有把坚持党的全面领导贯穿到全部工作之中，做到一切重要工作在党的领导下展开，一切重要活动围绕党和国家中心任务进行，才能

更加明确主攻方向，突出工作重点，不断展现人民政协旺盛的生命力。

（三）聚焦党和国家中心任务履职尽责，是人民政协职责价值的重要体现。人民政协是中国共产党领导的政治组织，是国家治理体系的重要组成部分，决定了人民政协必须坚持中国共产党的领导，自觉服务推进中国式现代化的伟大实践。当前，世界正经历百年未有之大变局，实现中华民族伟大复兴正处于关键时期，越是接近目标，越是形势复杂，越是任务艰巨，越需要凝心聚力、共克时艰。人民政协只有始终胸怀大局、把握大势，引导各党派团体和各族各界人士团结一心、共谋发展，才能更好彰显政协工作的意义和价值。

二、从政协组织的性质定位看，人民政协聚焦党和国家中心任务履职尽责具有独特优势

人民政协是中国共产党领导各民主党派、无党派人士、人民团体和各族各界人士在政治制度上进行的伟大创造。人民政协的性质决定其在服务中心大局上，具有不可替代的独特优势。

（一）人民政协聚焦党和国家中心任务履职尽责具有独特的政治优势。人民政协作为中国共产党领导的政治组织，由具有共同政治基础和奋斗目标的各党派团体和各族各界人士参加，通过建立在平等基础上的充分协商和互动讨论，

找到最大公约数、画出最大同心圆。人民政协作为中国人民爱国统一战线的组织，坚持团结和民主两大主题，通过平等协商，促进不同思想观点的充分表达和深入交流，最大限度地包容差异性。一方面，通过夯实共同思想政治基础，不断巩固已有共识、推动形成新的共识；另一方面，通过守住圆心，延伸包容“多样性”的半径，画出最大的同心圆，从而发挥人民政协作为最广泛爱国统一战线组织的政治功能。

（二）人民政协聚焦党和国家中心任务履职尽责具有独特的制度优势。人民政协作为社会主义协商民主的重要渠道和专门协商机构，为各党派团体和各族各界人士有序政治参与和利益表达提供了制度化平台。人民政协坚持党的领导、统一战线、协商民主有机结合，既强调中国共产党的领导，又强调发扬社会主义民主，做到相互尊重、平等协商而不强加于人，遵循规则、有序协商而不各说各话，体谅包容、真诚协商而不偏激偏执。当前，多元思想文化交流交融交锋前所未有，统一战线内部结构的复杂性也前所未有，发挥政协的制度优势，能够通过健全务实、高效、管用的制度体系，进一步拓展有序政治参与，促进科学决策、有效施策。

（三）人民政协聚焦党和国家中心任务履职尽责具有独特的组织优势。由界别组成是人民政协的显著特色，也是政协组织履行职能、开展工作的重要优势。界别人才荟萃、智力密集，聚焦党和国家中心任务建言献策，为党和政府科学决策、有效施策服务，能够更好发挥建言资政作用。党和政府通过界别渠道，汇聚各界群众意见建议，有利于了解民情、把握民意，推动决策最大限度地体现人民智慧和愿望。各界别人士通过政协组织有序参与国家政治生活，能够更好发扬民主、集思广益、凝聚共识。

三、从强国建设的战略部署看，人民政协肩负聚焦党和国家中心任务履职尽责的实践要求

习近平总书记在庆祝中国人民政治协商会议成立75周年大会上强调，希望人民政协发扬优良传统，牢记政治责任，坚持党的领导、统一战线、协商民主有机结合，充分发挥专门协商机构作用，为推进中国式现代化广泛凝聚人心、凝聚共识、凝聚智慧、凝聚力量。

（一）必须牢牢把握坚持和加强党的全面领导这一根本保证。习近平总书记强调，要把坚持党的领导贯穿到政协全部工作之中，切实落实党中央对人民政协工作的各项要求。人民政协聚焦党和国家中心任务履职尽责，必须毫不动摇坚持和加强党的全面领导，推动政协更好成为坚持和加强党对各项工作领导的重要阵地。要按照党中央对人民政协工作的新部署新要求，统筹谋划政协工作，确保党中央决策部署在政协组织落地见效。精心组织实施党委批准的年度协商计划，严格落实请示报告制度，构建具有政协特色的党建工作

格局，持续增强政协党组织政治功能和组织功能，更好实现“两个全覆盖”。

（二）**必须紧紧围绕进一步全面深化改革、推进中国式现代化这一重大使命任务。**习近平总书记强调，人民政协要发挥人才荟萃、智力密集的优势，聚焦推进中国式现代化、进一步全面深化改革、推动高质量发展、维护社会和谐稳定等方面的重点难点热点问题，深入推进协商议政。人民政协聚焦党和国家中心任务履职尽责，必须担起使命，服务大局。要紧紧围绕党的二十届三中全会对各领域改革部署的重点任务，精心选定协商议题，积极建言献策，以高质量协商助推高质量发展。紧扣党的二十届三中全会部署深化协商式监督，不断完善政协民主监督机制，增强监督实效。坚持不学习就不调研、不调研就不协商，进一步规范各类协商活动流程，着力优化“商”的环节设计，提升“商”的能力成色。

（三）**必须持续紧盯加强思想政治引领、广泛凝聚共识这一履职中心环节。**习近平总书记强调，人民政协要完善发挥统一战线凝聚人心、汇聚力量政治作用的工作机制，多做强信心、聚民心、暖人心、筑同心的工作。人民政协聚焦党和国家中心任务履职尽责，必须把加强思想政治引领、广泛凝聚共识作为中心环节，推动政协更好成为用党的创新理论团结教育引导各族各界代表人士的重要平台、在共同思想政治基础上化解矛盾和凝聚共识的重要渠道。要把习近平新时代中国特色社会主义思想作为统揽政协工作的总纲，推动各党派团体和各族各界人士进一步实现政治上团结合作、思想上共同进步、行动上步调一致。发挥好界别委员工作室、界别群众联系点和特色委员会客室作用，深入开展委员读书活动，完善民主党派和无党派人士在政协开展经常性工作的机制，广泛凝聚社会各界智慧力量。

（四）必须始终坚持人民政协为人民这一根本政治立场。习近平总书记强调，人民政协要把不断满足人民对美好生活的需要、促进民生改善作为重要着力点，倾听群众呼声，反映群众愿望，抓住民生领域实际问题做好工作，协助党和政府增进人民福祉。人民政协聚焦党和国家中心任务履职尽责，必须找准促进民生改善的重要切入点、关键点、发力点，把人民政协为人民理念贯穿履职全过程各方面。要聚焦民之关切深入协商议政、积极建言献策，及时反映人民群众的合理诉求，助力党和政府的决策和工作更好顺乎民意。灵活搭建对口协商、有事好商量等协商平台，围绕群众身边“小事”开展小范围、即时性协商，做到问题不解决不松劲、解决不彻底不放手。

（五）必须抓紧抓实“两支队伍”建设这一重要履职基础。习近平总书记强调，建设一支懂政协、会协商、善议政，守纪律、讲规矩、重品行的政协委员队伍，是人民政协高质量履职的重要保障。人民政协聚焦党和国家中心任务履职尽责，必须大力推进履职能力建设，着力提高委员政治把握能力、调查研究能力、联系群众能力、合作共事能力。要制订并落实好委员活动计划，创造条件帮助委员掌握情况、熟悉政策，引导委员知责于心、担责于身、履责于行。持续完善制度机制体系，提高制度化、规范化、程序化等功能建设水平。进一步加强机关干部队伍建设，着力提升政治能力和履职本领，更好担负起服务新时代人民政协履职的责任。

（作者：全国政协委员，宁夏回族自治区政协主席）

充分发挥人民政协反映社情民意、联系群众、服务人民的重要作用

李文章

习近平总书记在庆祝中国人民政治协商会议成立75周年大会上的重要讲话中强调，“加强反映社情民意、联系群众、服务人民机制建设”，党的二十届三中全会通过的《中共中央关于进一步全面深化改革、推进中国式现代化的决定》，也对此作出部署。加强人民政协反映社情民意、联系群众、服务人民机制建设，是加强和改进人民政协工作的重要制度安排，对于在新时代新征程上推动人民政协事业高质量发展，具有十分重要的理论指导性和现实针对性。

一、深刻认识加强人民政协反映社情民意、联系群众、服务人民机制建设的重要意义

新时代人民政协事业在继承中发展、在发展中创新，取得了历史性成就，开拓了人民政协工作新局面。新征程上，加强人民政协反映社情民意、联系群众、服务人民机制建设，对于进一步加强和改进人民政协工作意义重大。

（一）加强人民政协反映社情民意、联系群众、服务人民机制建设，是深入贯彻落实习近平总书记关于加强和改进人民政协工作的重要思想的必然要求。党的十八大以来，习近平总书记就加强和改进人民政协工作发表一系列重要讲话、作出一系列重要指示批示，科学回答了新时代人民政协事业发展的一系列重大理论和实践问题，形成了习近平总书记关于加强和改进人民政协工作的重要思想。深入贯彻落实这一重要思想，必须准确把握习近平总书记提出的一系列具有理论原创性、政治引领性、实践指导性的新思想新观点新论断，不断深化对人民政协实践创新、理论创新、制度创新成果的规律性认识。加强人民政协反映社情民意、联系群众、服务人民机制建设，切实发挥了人民政协作为专门协商机构的作用，深刻反映了广泛凝聚人心和力量的内在要求，是深入贯彻落实习近平总书记关于加强和改进人民政协工作的重要思想的重要内容和实践要求。

（二）加强人民政协反映社情民意、联系群众、服务人

民机制建设，是发展全过程人民民主、保障人民当家作主的必然要求。习近平总书记指出："我国全过程人民民主实现了过程民主和成果民主、程序民主和实质民主、直接民主和间接民主、人民民主和国家意志相统一，是全链条、全方位、全覆盖的民主，是最广泛、最真实、最管用的社会主义民主。"作为社会主义协商民主的重要渠道和专门协商机构，人民政协是中国共产党领导中国人民发展社会主义民主的重要制度设计，在全过程人民民主制度程序和参与实践中具有独特优势，在构建社会主义协商民主体系、发展全过程人民民主中肩负重要责任。加强人民政协反映社情民意、联系群众、服务人民机制建设，有助于切实发挥人民政协专门协商机构作用，提高深度协商互动、意见充分表达、广泛凝聚共识水平；有助于不断加强协商民主制度机制建设，促进协商民主广泛多层制度化发展；有助于充分发挥人民政协在发展全过程人民民主中的重要作用，更好把人民政协制度优势转化为国家治理效能。

加强人民政协反映社情民意、联系群众、服务人民机制建设，是进一步全面深化改革、推进中国式现代化的必然要求。习近平总书记指出："面对新的形势和任务，必须进一步全面深化改革，继续完善各方面制度机制，固根基、扬优势、补短板、强弱项，不断把我国制度优势更好转化为国家治理效能。"人民政协是国家治理体系的重要组成部分，是具有中国特色的制度安排。完善中国特色社会主义制度是一个动态过程，必然随着实践发展而不断发展，新时代新征程上推动人民政协事业高质量发展也需要进一步健全完善制度机制。加强人民政协反映社情民意、联系群众、服务人民机制建设，有利于在推进中国式现代化的伟大进程中，把各方面智慧和力量凝聚起来，最大限度调动一切积极因素，团结一切可以团结的力量；有利于充分彰显人民政协制度的独特优势和强大生命力，确保人民政协制度在推进国家治理体系和治理能力现代化中发挥不可替代的作用，焕发更加旺盛的生机活力。

二、准确把握加强人民政协反映社情民意、联系群众、服务人民机制建设的原则要求

党的二十届三中全会对加强人民政协反映社情民意、联系群众、服务人民机制建设作出重大部署，科学概括了党的十八大以来党领导人民政协工作的宝贵经验，明确了人民政协履职的着力重点。我们要准确把握蕴含其中的原则要求。

（一）坚持中国共产党的领导，确保正确政治方向。习近平总书记指出："中国共产党的领导是包括各民主党派、各团体、各民族、各阶层、各界人士在内的全体中国人民的共同选择，是成立政协时的初心所在，是人民政协事业发展进步的根本保证。"人民政协是政治组织，政协机关是政治机关，必须旗帜鲜明讲政治。加强人民政协反映社情民意、

联系群众、服务人民机制建设，是坚持中国共产党对人民政协工作领导的应有之义，必须把加强中国共产党的领导作为根本政治原则。要切实提高政治站位，深刻把握人民政协反映社情民意、联系群众、服务人民的政治内涵和政治要求；要自觉强化政治担当，深刻认识人民政协作为坚持和加强党对各项工作领导的重要阵地、用党的创新理论团结教育引导各族各界代表人士的重要平台、在共同思想政治基础上化解矛盾和凝聚共识的重要渠道作用；要严格落实政治责任，进一步增强做好人民政协反映社情民意、联系群众、服务人民工作的政治自觉、思想自觉、行动自觉。

（二）坚持人民政协为人民，坚守根本价值立场。习近平总书记指出："人民政协要把不断满足人民对美好生活的需要、促进民生改善作为重要着力点，倾听群众呼声，反映群众愿望，抓住民生领域实际问题做好工作，协助党和政府增进人民福祉。"在中国共产党坚强领导下，人民政协坚持一切为了人民、一切依靠人民，以健全的制度程序确保参加政协的各党派团体、各族各界人士为国履职、为民尽责。加强人民政协反映社情民意、联系群众、服务人民机制建设，是人民政协贯彻以人民为中心的发展思想的生动实践，必须坚守人民政协为人民的根本价值立场。要畅通民意表达渠道，聚焦经济社会发展重大问题和人民群众急难愁盼问题汇集反映社情民意，为党委和政府决策提供参考；要密切政协委员同人民群众的联系，深入做好思想引领、听取意见、反映要求、凝聚共识、增进团结、汇聚力量的工作；要有效回应群众诉求，引导政协委员立足岗位实际、发挥专长优势为群众办实事、解难事。

（三）坚持改革创新，完善协商民主体系和人民政协工作制度机制。习近平总书记指出："协商民主深深嵌入了中国社会主义民主政治全过程""协商民主是实践全过程人民民主的重要形式"。人民政协是社会主义协商民主的重要渠道和专门协商机构，是发展全过程人民民主的重要制度安排。加强人民政协反映社情民意、联系群众、服务人民机制建设，是全面发展协商民主的重要内容，在发展全过程人民民主中具有不可替代的重要作用。要立足健全全过程人民民主制度体系，推进这一制度机制建设与加强人民当家作主制度建设、健全基层民主制度、完善大统战工作格局等其他各方面制度机制建设相配套；要立足健全协商民主机制，推进这一制度机制与完善人民政协民主监督机制相协同；要立足加强制度规范化建设，确保人民政协反映社情民意、联系群众、服务人民各流程各环节更加科学规范、程序更加严谨、效能更加彰显。

三、加强人民政协反映社情民意、联系群众、服务人民机制建设的主要措施

加强人民政协反映社情民意、联系群众、服务人民机制

建设，要找准结合点和切入点，求真务实抓落实、履职尽责为人民，不断满足人民对美好生活的需要，进一步促进民生改善。

（一）健全社情民意表达和汇集分析机制，为党委和政府决策提供参考。反映社情民意信息工作是人民政协重要的经常性、基础性工作，是人民政协建言资政的重要方式。要聚焦中心工作，紧紧围绕党中央关心关注的重大问题、经济社会发展的重点问题、各级党委和政府部署的重点任务，以及人民群众急难愁盼、社会热点、舆情动态等，多角度、多层次、常态化报送信息，力求参当其时、谋当其用。要注重广征博采，充分发挥人民政协联系广泛的优势，通过现场察看、座谈交流、查阅资料、个别访谈等方式，广泛了解各界别、各阶层、各群体的意愿，及时反映各方面的新情况、新问题，提出有的放矢、言之有物、针对性强的高质量建议，助力党委和政府科学决策、精准施策。要加强分析研判，对收集到的信息资料，要进行深入分析和组织专题会商研判，去伪存真、由表及里，确保报送的信息真实准确、及时高效。近年来，一些政协委员充分发挥信访工作反映社情民意的作用，通过信访渠道反映情况、报送信息，使党委和政府能够及时了解群众的呼声、要求和意见，促进了科学决策、民主决策和依法决策。

（二）完善政协委员联系界别群众机制，为群众办实事、解难事。政协委员由各方面郑重协商产生，代表各界群众参与国是，密切联系界别群众是其履行职责的应有之义。他们普遍具有较高的思想水平、认识能力和专长优势，更有利于帮助群众解决问题。要搭建联系平台，建好用好“委员之家”，方便政协委员与群众面对面、心贴心地宣传党和国家大政方针、重要部署和改革举措，团结凝聚人心跟党走。在坚持走访慰问、参与协商等传统有效做法的同时，引导政协委员上网听民意、开讲堂，拓展网上联系和服务群众的新空间。要办好民生实事，经常性开展“我为群众办实事”活动，推动政协委员送法、送医、送科技等进社区、进学校、进企业、进乡村，鼓励政协委员深入基层、深入一线帮助群众解决实际困难。引导政协委员围绕民生重点领域、群众高度关切的突出问题撰写提案，推动提案委员和办理单位双方协商互动，提升涉民生提案办理质量。要发挥优势解难题，鼓励政协委员发挥岗位优势和专业特长，面向群众开展法律咨询、政策宣传、心理疏导，多做雪中送炭、扶贫济困的工作，多做春风化雨、解疑释惑的工作，多做理顺情绪、化解矛盾的工作。近年来，一些政协委员积极参与基层矛盾纠纷排查、信访突出问题化解工作，对相关行业领域信访问题开展明察暗访，摸实情、议问题、提建议，有力推动了信访问题解决在基层、化解在萌芽状态。

（三）加强转化运用和反馈评价机制建设，促进工作质效提升。人民政协反映社情民意、联系群众、服务人民工作是否科学规范、运行顺畅、取得实效，要通过转化运用、反馈评价等环节来检验和巩固。要搞好转化运用，及时跟踪了解党政领导同志对政协反映社情民意信息的批示情况和相关地区、部门、单位的办理情况，切实推动有关意见建议落地落实，转化为完善政策、改进工作的实际成效。充分肯定、积极评价政协委员的付出和成绩，激发他们干事创业的成就感。近年来，一些政协委员借助信访渠道优势，积极开展人民建议征集工作，围绕人民群众普遍关心的热点难点问题，向社会公开征集提案线索，推动人民群众的“金点子”结出民生政策的“金果子”。

（作者：全国政协常委，中央社会工作部副部长，国家信访局局长，中国人民政协理论研究会常务理事）

坚定不移坚持和完善中国新型政党制度

王　宁

党的十八大以来，习近平总书记高度重视人民政协工作，深刻阐述事关人民政协事业长远发展的一系列方向性、全局性、战略性重大问题，形成习近平总书记关于加强和改进人民政协工作的重要思想。习近平总书记在庆祝中国人民政治协商会议成立75周年大会上的重要讲话中用“十个坚持”高度概括了这一重要思想，其中就包括“坚持和完善我国社会主义新型政党制度”。我们必须完整、准确、全面学习领会和贯彻落实，既坚持好、发展好、完善好中国新型政党制度，更加充分彰显人民政协显著政治优势，又要发挥好人民政协作为中国共产党领导的多党合作和政治协商的重要机构作用，着力提升中国新型政党制度效能。

一、中国新型政党制度彰显了独特优势和强大生命力

中国新型政党制度形成于协商筹建新中国的伟大实践，发展于社会主义革命、建设和改革的伟大进程，完善于中国特色社会主义新时代，彰显出独特优势和强大生命力。

一是始终坚持中国共产党的全面领导。中国新型政党制度始终把中国共产党的领导作为首要政治前提和共同政治基础，引导各党派团体和各族各界人士自觉接受和维护中国共产党的领导，坚定不移在政治立场、政治方向、政治原则、政治道路上同以习近平同志为核心的中共中央保持高度一致，确保新型政党制度在中国特色社会主义道路上越走越坚实、越走越宽广。

二是充分发挥各民主党派的参政作用。新型政党制度把各民主党派和无党派人士紧密团结在中国共产党的领导下，为着共同目标而奋斗。中国共产党与各民主党派长期共存、互相监督、肝胆相照、荣辱与共，自觉接受各民主党派监督，促进中国共产党科学执政、民主执政、依法执政，实现了政党间既相互监督又和谐合作的辩证统一。

三是广泛凝聚统一战线的磅礴力量。新型政党制度代表性强、团结面广、影响力大，在广泛凝心聚力方面具有独特优势。在百年奋斗历程中，中国共产党始终把坚持大团结大联合、凝聚人心力量摆在重要位置，团结带领中国人民创造了举世瞩目的发展奇迹，实现中华民族伟大复兴进入了不可

逆转的历史进程。

二、中国新型政党制度体现了全过程人民民主

习近平总书记指出，“中国共产党领导的多党合作和政治协商制度，既强调中国共产党的领导，也强调发扬社会主义民主。政治协商、民主监督、参政议政，就是这种民主最基本的体现。坚持中国共产党的领导，不是不要民主了，而是要形成更广泛、更有效的民主”。这一重要论述，科学把握加强党的领导与发展社会主义民主的辩证关系，进一步明确了中国新型政党制度是人民当家作主的重要实现形式。

一是突出以人民为中心的发展思想。中国新型政党制度坚持人民主体地位，充分尊重我国广大人民根本利益的一致性和不同阶层群体具体利益的差异性，通过全链条、全方位、全覆盖的民主协商，充分保障人民民主权利，保证人民依法实行民主选举、民主协商、民主决策、民主管理、民主监督，成为国家、社会和自己命运的主人，从而确保了社会主义民主的实现，最大限度地保障最广大人民的总体利益、根本利益和长远利益。

二是完善人民当家作主的制度保障。中国新型政党制度充分体现中国特色社会主义制度下的独特优势，坚持人民当家作主是社会主义民主政治的本质特征，坚持国家一切权力属于人民的宪法原则，聚焦发展全过程人民民主，推动人民

当家作主制度更加健全，推动协商民主广泛多层制度化发展，推动中国特色社会主义制度体系更加完善。

三是丰富了人类文明新形态的重要内容。中国新型政党制度不断成熟完善，重塑了现代政党制度的全新架构和实践途径，发展成为中国特色社会主义制度中的一项基本政治制度，实现了对西方资本主义和传统社会文明形态的新超越，为人类政治文明发展作出了重大贡献。

三、中国新型政党制度彰显了科学的治理体系和治理能力

中国新型政党制度充分调动各方面的积极性，重视加强对各民主党派、无党派人士履职尽责的保障，优化政治资源配置，形成社会各界广泛参与国家治理的体制机制，推进国家治理体系和治理能力现代化。

一是有效提高中国共产党科学执政、民主执政、依法执政水平。通过人民政协这一民主形式和制度渠道参政议政，以制度化、规范化、程序化的制度安排集中各方面意见和建议，推动决策科学化民主化，切实做到“有事多商量、有事好商量、有事会商量”，共同把中国的事情办好。可以说，这一政治制度能够真实、广泛、持久代表和实现最广大人民的根本利益，符合中国基本国情，必将不断巩固中国共产党长期执政地位。

二是有力推动国家治理体系和治理能力现代化。中国新型政党制度不仅能从政治领域有力推动中国特色社会主义制度完善和发展，而且能有效提升国家治理体系和治理能力现代化，在维护政治共识、畅通政治参与、优化公共决策、实现政治稳定、凝聚社会力量、促进社会发展等方面具有独特优势，有利于把我国制度优势更好地转化为国家治理效能。

三是在推进中国式现代化进程中充分发挥创造性和优越性。习近平总书记关于“坚持好、发展好、完善好中国新型政党制度”的重要论述，深刻阐明了中国新型政党制度的历史必然性和巨大优越性。历史和实践充分证明，这一制度有利于坚定不移走中国特色社会主义政治发展道路，有利于完善人民当家作主的制度体系，有利于最大限度凝聚智慧力量，有利于促进科学决策、有效施策，为推进中国式现代化进程提供强大的制度保障。

四、中国新型政党制度确立了人民政协履职尽责的价值导向和实践要求

人民政协是实行新型政党制度的重要政治形式和组织形式，必须充分发挥人民政协加强政治引领、促进广泛团结、推进多党合作、实践人民民主的政治优势，不断提升人民政协的履职能力。

一是坚持党的领导、统一战线、协商民主有机结合。坚持把党的领导贯穿政协工作各方面全过程，把党中央关于人民政协工作各项部署落到实处，坚持协商民主这个实现党的领导的重要方式，把协商民主贯穿人民政协履行职能全过程，把加强思想政治引领、广泛凝聚共识作为履职工作的中心环节。

二是聚焦党和国家中心任务履职尽责。人民政协要主动把握事业所需、群众所盼、政协所能，坚持围绕中心、服务大局，聚焦推进中国式现代化、进一步全面深化改革、推动高质量发展、维护社会和谐稳定等重点难点热点问题协商议政，提出前瞻性、针对性、可操作性对策建议。

三是按照“懂政协、会协商、善议政，守纪律、讲规矩、重品行”的重要要求加强政协委员队伍建设。人民政协要引导广大政协委员厚植为国履职、为民尽责的高尚情怀，准确把握政协履职方式方法，深入调查研究，积极建言献策，发挥桥梁纽带作用，严格清廉自律，主动接受监督，在本职岗位上当好表率示范，为推动政协工作高质量发展作出应有贡献。

（作者：全国政协常委、外事委员会副主任）

优化重点协商方案生成机制

孙丽芳

习近平总书记在庆祝中国人民政治协商会议成立75周年大会上提出，“优化重点协商方案生成机制”。这是新时代新征程人民政协工作面临的新要求，也是做好政协工作的新课题。持续加强理论研究和实践探索，更好发挥重点协商方案的先导和牵引作用，有助于不断推进政协工作提质增效，以高质量履职为推进中国式现代化广泛凝聚人心、凝聚共识、凝聚智慧、凝聚力量。

一、优化重点协商方案生成机制的重要意义

人民政协的主要工作是协商。以重点协商方案生成为抓

手，优化其生成机制，对于人民政协深入践行全过程人民民主、更好发挥作为专门协商机构作用具有重要意义。

第一，优化重点协商方案生成机制是全面发展协商民主的内在要求。协商民主是全过程人民民主的重要组成部分，是中国共产党领导人民有效治理国家、保证人民当家作主的重要制度安排。人民政协作为社会主义协商民主的重要渠道和专门协商机构，为各党派团体和各族各界人士有序政治参与和利益表达提供了制度化平台。优化重点协商方案生成机制，形成内容完备周延、流程衔接有序的协商方案，有利于更好保障各党派团体和各族各界人士的民主权利，推动协商民主广泛多层制度化发展。

第二，优化重点协商方案生成机制是提升履职质量的必然选择。当前，世界之变、时代之变、历史之变不断向广度和深度延展，我国改革发展稳定任务之艰巨繁重前所未有，这对人民政协聚焦党和国家中心任务、提高履职质量提出了更高要求。优化重点协商方案生成机制，一体谋划协商内容、协商形式和成果运用，能够充分调动各方面人士围绕改革发展稳定的重点难点问题，深度协商、广泛议政，通过协商出办法、出共识、出感情、出团结，进一步推动人民政协提高履职质量。

第三，优化重点协商方案生成机制是提高履职能力现代化水平的有力举措。习近平总书记指出："希望人民政协继承光荣传统，提高履职能力现代化水平，为实现‘两个一百年'奋斗目标、实现中华民族伟大复兴的中国梦作出新的更大贡献。"优化重点协商方案生成机制，能够促使协商选题更加精准、协商形式更加丰富、协商范围更加广泛、协商程序更加规范，从而推进人民政协制度化、规范化、程序化等功能建设，不断提高人民政协履职能力。

二、优化重点协商方案生成机制的重要原则

优化重点协商方案生成机制涉及党委、政府、政协以及参加政协的各党派团体和各族各界人士，不同的协商方案还需要不同的组织实施方式，具体实践中应坚持以下原则。

一是坚持党的领导。把坚持党的领导落实到重点协商方案生成的全过程各方面，自觉在政治立场、政治方向、政治原则、政治道路上同以习近平同志为核心的党中央保持高度一致。政协党组要加强重点协商方案生成的审核把关，重大事项及时向同级党委请示报告，确保协商活动始终在党的领导下进行。

二是坚持服务大局。坚持在大局下谋划、在大事上作为，聚焦"国之大者"、民之关切确定协商主题和协商重点，实事求是反映情况和问题，提出具有前瞻性、针对性、可操作性的对策建议。坚持把加强思想政治引领、广泛凝聚共识作为中心环节，协商中既讲问题和不足，也讲工作取得的进展和成绩，多做强信心、聚民心、暖人心、筑同心的工作，汇

聚起共襄伟业的强大正能量。

三是坚持系统思维。统筹设计协商什么、同谁协商、怎样协商、协商成果如何运用等各方面工作，全链条提高协商质量。加强重点协商活动和一般协商活动以及考察、调研、界别活动等有机衔接，形成相互融合、相互促进的良好工作格局，进一步提升政协协商民主的整体效能。

四是发挥委员主体作用。政协委员是政协工作的主体。一方面，精心选择在协商活动中代表性强、专业性强的委员主动参与重点协商方案生成工作。另一方面，做好委员知情明政工作，积极搭建平台、创造条件，鼓励委员发挥个人专长，促进各级委员联动履职，让委员在重点协商活动中唱主角、当主力。

三、优化重点协商方案生成机制的关键环节

优化重点协商方案生成机制是一项系统性工作，贯穿从协商活动谋划到协商成果运用全过程，应重点把握以下关键环节。

一是“靶向性”聚焦选题。选好协商议题是做好协商议政工作的前提。一方面，选题要选准方向，坚持围绕中心、服务大局，紧扣发展需要、党政关注、群众期盼、政协所能的事项，改进议题遴选机制，通过党政点题、委员荐题、公开征题等方式广集议题，在此基础上遴选出重点协商议题。

另一方面，选题要选好角度，在从大事着眼的同时，从不同角度、不同维度找准切入点，以“小切口”反映大主题，做到“主题大、切口小、议得了”。

二是“个性化”制定方案。任何事物都有其最佳的展现形式，不同协商主题需要制定不同的协商方案。一方面，注重协商内容与协商形式相匹配，根据不同的协商主题和协商内容，科学选择专题协商、对口协商、界别协商、远程协商等最合适的协商形式。另一方面，从协商活动组织实施的全流程，加强协商方案的个性化设计，确保深度协商互动、意见充分表达、广泛凝聚共识，充分调动各方面的积极性主动性创造性，充分展现专门协商机构优势作用。

三是“开放式”调查研究。调查研究是做好协商议政工作的基石。近年来，一些地方政协创造性开展重大课题研究，探索形成开放式研究、学理性解题、方案级建议的工作模式，紧紧围绕事关地区发展大局的重大课题，在调查、研究、撰写报告过程中，不仅组织有关党派团体、政协委员、政协机关干部等担当主力，还邀请党政部门、高等院校、科研院所等各方面有为之士全程参与，在发挥政协委员的主体作用的同时，汲取各界的智慧力量，形成了一批高质量履职成果。

四是“贯通式”转化成果。协商成果能否转化，是协商议政效果的最终检验。要把成果转化贯穿重点协商活动全过程，对协商议政过程中发现的突出问题和阶段性成果，及时以调研报告、政协提案、社情民意信息等多种形式反映，供党委、政府及有关部门决策参考。同时，持续完善常态化跟踪落实机制，加强对党政负责同志批示情况、意见建议落实进展、问题解决情况的跟踪问效，努力把重点协商方案转化成助推经济社会高质量发展的实际成效。

（作者：中国人民政协理论研究会常务理事，
安徽省人民政协理论研究会会长）

坚持党的领导、统一战线、协商民主有机结合的理论意蕴、内在逻辑、实践路径

尔肯江·吐拉洪

习近平总书记在庆祝中国人民政治协商会议成立75周年大会上的重要讲话中明确要求人民政协要牢记政治责任，坚持党的领导、统一战线、协商民主有机结合（以下简称“三者有机结合”），充分发挥专门协商机构作用。“三者有机结合”是对中国共产党领导统一战线和人民政协发展的历史经验，特别是党的十八大以来发展社会主义协商民主实践经验的深刻总结。应深刻认识和准确把握其理论意蕴、内在逻辑，更好运用到新时代发展全过程人民民主、加强和改进人民政协的工作实践之中。

一、坚持党的领导、统一战线、协商民主有机结合的理论意蕴

（一）坚持“三者有机结合”重大政治理念是对人民政协历史经验和优良传统的全面总结，体现了人民政协的性质定位。坚持“三者有机结合”本质上是一个发展全过程人民民主的政治理念，深刻阐明了统一战线、协商民主在全过程人民民主实践中的特色和优势。人民政协75年发展历史证明，坚持“三者有机结合”是人民政协事业发展的必然要求。

（二）坚持“三者有机结合”体现人民政协鲜明特色和显著优势。习近平总书记在庆祝中国人民政治协商会议成立75周年大会上的重要讲话中全面概括了人民政协在人类政治制度发展史上的独特政治价值。党的领导是中国特色社会主义最本质的特征，是中国特色社会主义制度的最大优势，是人民政协事业发展进步的根本保证。统一战线是党领导人民当家作主的强大法宝，是人民政协组织功能的显著优势。协商民主是党的群众路线在政治领域的重要体现，是统一战线凝心聚力的重要途径。

（三）坚持“三者有机结合”是新时代加强和改进人民政协工作的重要遵循。坚持“三者有机结合”体现了习近平总书记关于加强和改进人民政协工作的重要思想的精髓要义，是新时代加强和改进人民政协工作和全面发展协商民主

的重要遵循，也是巩固和发展最广泛的爱国统一战线必须坚持的重要原则，对于坚持中国共产党对人民政协的全面领导具有重要意义。

二、 坚持党的领导、统一战线、协商民主有机结合的内在逻辑

（一）党的领导是坚持“三者有机结合”的核心，起着“总揽全局”的决定性作用。巩固和发展最广泛的爱国统一战线，全面发展协商民主必须坚持党的全面领导和党中央集中统一领导，把党的领导贯穿于人民政协工作的全过程各方面。

（二）人民政协是实现“三者有机结合”的重要制度安排。人民政协是具有中国特色的制度安排，作为中国人民爱国统一战线的组织、社会主义协商民主的重要渠道和专门协商机构，是实现“三者有机结合”的重要制度安排。

（三）协商民主是实现“三者有机结合”的重要实践路径。协商民主是党的群众路线在政治领域的重要体现，是实现党的领导的重要方式，也是党领导人民有效治理国家、保证人民当家作主的重要制度安排。协商民主是党吸纳民意、汇聚民智、广泛凝聚共识、发挥统一战线强大法宝作用的重要渠道。

三、坚持党的领导、统一战线、协商民主有机结合的实践路径

（一）进一步完善党领导统一战线、协商民主的体制机制。一是完善党领导人民政协工作和协商民主的体制机制。发挥各级党委统一战线工作领导小组作用，理顺领导小组机制和统一战线各领域日常工作机制的关系，将党对人民政协和协商民主工作的领导有效嵌入大统战工作格局。二是创新党领导统一战线、协商民主的体制机制。

（二）更好发挥人民政协作为统一战线组织的功能和作用。人民政协作为中国共产党领导的统一战线组织，在巩固发展最广泛的爱国统一战线中具有代表性强、覆盖面广、影响力大的优势。界别作为人民政协组织的显著特征，是了解民情、反映民意、集中民智的重要民主渠道。应通过完善界别设置和委员结构，进一步彰显人民政协作为统一战线组织代表性强、包容性大、联系面广的鲜明特色。建言资政主要体现着人民政协“民主”的主题和政治参与功能；凝聚共识主要体现着人民政协“团结”的主题和统一战线功能。坚持建言资政和凝聚共识双向发力是新时代人民政协履行职能的基本要求。应充分发挥统一战线组织人才荟萃、智力密集、位置超脱、联系广泛的独特优势，助力提升决策民主化和科学化水平。

（三）更好发挥人民政协作为多党合作和政治协商的重

要机构的功能和作用。人民政协是实行新型政党制度的重要政治形式和组织形式，发挥好各民主党派和无党派人士的积极作用是体现中国新型政党制度效能的着力点。人民政协作为中国共产党领导的多党合作和政治协商的重要机构，要为民主党派和无党派人士在政协更好发挥作用提供平台和创造条件，推动各民主党派和无党派人士把多党合作所长与中心大局所需结合起来，在参政议政中聚众智，在民主监督中建诤言，在协商民主中献良策。民主监督是民主党派的一项基本职能，是人民政协三大职能之一，人民政协是有效开展民主监督的重要平台。可探索推动政协民主监督与民主党派监督协同配合，形成监督合力，共同提高监督实效。

（四）更好发挥人民政协作为专门协商机构的功能和作用。习近平总书记在庆祝中国人民政治协商会议成立 75 周年大会上的重要讲话中强调，全面发展协商民主，既要立足不同协商渠道的特点和实际，突出各自工作重点，遵循各自规则，发挥各自独特作用；又要加强各种协商渠道的协同配合，做到目标一致、形成合力，不断提升整体效能。协商是人民政协的具体工作方式，贯穿其三大职能的履行过程。人民政协在发展社会主义协商民主中是独一无二的组织形式，以完善的协商体制机制和政策规范、丰富的社会资源和人才资源优势、较高的专业水平和较强的协商议政能力等，发挥着重要的平台作用。政协协商以中国共产党领导的多党合作和政治协商制度为依托，建立了内容清晰、程序规范、运行有效的制度和机制体系，具有经常性、有序性，是一种制度性民主形式。人民政协设全国、省、市、县四级组织，形成了专题协商、对口协商、界别协商、提案办理协商、网络协商等多种协商形式，有比较完整的机制程序和参与实践。专门协商机构的专业性还体现在专家的“专”与专门协商机构的“专”深度融合。专门协商机构制度体系的稳定性、利益表达的整体性、协商过程的能动性是政协协商的显著特点和优势。人民政协应承担起加强与各种协商渠道协调配合、不断提升协商民主整体效能的作用。

（五）更好发挥政协协商“协商于决策之前”的独特作用。《中共中央关于加强社会主义协商民主建设的意见》要求“在决策之前和决策实施之中开展广泛协商”。党的二十届三中全会决定进一步强调“健全协商于决策之前和决策实施之中的落实机制”。协商于决策之前，可以充分发挥民主党派、无党派人士和政协委员在国家治理各领域、各层级的专业优势，对决策内容开展实质性协商，有效吸收和整合协商主体所携带的专业治理理念和技术价值。协商于决策之前，“不是大家都说一种相同的话，而是大家说出不同的话，然后取得一致。这是最有力的一致，是最有力的团结”。从协商程序上看，应完善知情明政机制，人民政协应组织议题涉及的相关部门适时提供相应的书面材料，提前供参与协商的政协委员、专家学者和其他人员参阅，尽可能使信息对称，以保证决策前协商的有序性和有效性，切实服务和优化党委、政府决策，促进党委、政府决策民主化和科学化。

（作者：中国人民政协理论研究会常务理事，
湖北省政协副主席）

中国式现代化视域下人民政协协商民主演进历程与体系建构

杨　智

习近平总书记在庆祝中国人民政治协商会议成立75周年大会上的重要讲话中指出，人民政协是中国共产党把马克思列宁主义统一战线理论、政党理论、民主政治理论同中国具体实际相结合、同中华优秀传统文化相结合的伟大成果，是中国共产党领导各民主党派、无党派人士、人民团体和各族各界人士在政治制度上进行的伟大创造。强调要坚持党的领导、统一战线、协商民主有机结合，充分发挥专门协商机构作用，为推进中国式现代化广泛凝聚人心、凝聚共识、凝聚智慧、凝聚力量。现代化持续探索的过程，也是人民当家作主不断深化的过程。深入研究人民政协协商民主在全面推进中国式现代化背景下发展历程，是发展全过程人民民主的客观要求，也是对协商民主与中国式现代化辩证关系进行历史考察和理性分析的重要基点。

一、协商民主深嵌社会主义民主政治全过程，人民政协是社会主义协商民主的重要渠道

纵观人类政治文明史，不同国家在不同历史阶段，形成了形态各异的民主理论，探索了丰富多元的民主实践路径。

（一）民主是现代化的一个重要维度。在西方政治哲学史上，民主与正义一直处于复杂关系之中，民主与正义的和解在原有框架内很难更进一步。后发国家和地区亦步亦趋模仿不仅没能带来预想效果，甚至产生与现代化发展方向背道而驰的“乱象”，现代化与民主化之间呈现明显悖论，表现在现代化成果分配不平等对民主根基的侵蚀，更表现在西方模式在全球化进程中给后发国家带来困扰与危机。究其原因在于，西方民主方式选择同西方国家现代化相匹配，以维护资产阶级私人占有制为前提。每个国家和民族都应基于自身文化传统、历史条件和基本国情，把握好民主化与现代化的内在适应性，才能呈现出以民主化赋能现代化、以现代化促进民主化的互动共进态势。

（二）协商民主在中国式民主体系中扮演重要角色。中国共产党团结带领人民探索、创新、突破推进中国式现代化的历史进程，也是书写人民当家作主新篇章的历史进程。

在总结世界各国推进民主化和现代化规律基础上，中国共产党立足中国具体实际，带领人民创造中国式现代化奇迹，创造性开辟中国式民主的新道路。党的二十大把发展全过程人民民主明确为中国式现代化本质要求之一，强调“协商民主是实践全过程人民民主的重要形式”，阐发全过程人民民主中推动协商民主与推进中国式现代化的内在逻辑关联。

（三）人民政协协商民主肩负重要使命具有独特优势。人民政协作为制度化的协商民主形式，历经75年实践探索、理论提升与制度完善，成为实现国家治理体系和治理能力现代化的重要力量。人民政协具有协商民主平台、专门协商机构、统一战线组织等独特优势。回顾和梳理中国式现代化进程中人民政协协商民主历史脉络和发展轨迹，考察和分析其要素内涵和效能发挥，总结和揭示其理论与实践生长逻辑和发展趋势，有助于探索和发展中国特色社会主义民主政治，为构建和完善协商民主体系提供学理支撑。

二、人民政协是社会主义协商民主的重要组成部分，具有鲜明特点和独特优势

“没有民主就没有社会主义，就没有社会主义的现代化，就没有中华民族伟大复兴。”民主政治的实践总是在特定的民族历史文化背景下发生、在现实的国家发展环境中展开。人民政协具有深厚的文化基础、理论基础、实践基础，具有

鲜明中国特色和显著政治优势。

（一）理论渊源。马克思主义认为，共产党人为实现自身解放，要争取与“全世界民主政党之间的团结和协调”，并掌握领导权。列宁主张建立多党合作联合政府，必须“使无产阶级能够保持领导作用和国家政权”。马克思深刻批判资产阶级民主的虚伪性和欺骗性，认为私有制决定“国家政权不过是管理整个资产阶级的共同事务的委员会罢了”；充分论证无产阶级民主的人民性和科学性，“这个概念每次都随着人民的变化而变化”。无产阶级推翻资产阶级统治，才能“争得民主”，使得“在民主制中，每一个环节都是全体民众的现实的环节”。列宁认为，“社会主义不是少数人，不是一个党所能实施的”，赋予全体人民民主参与权利。

（二）文化根基。中国式现代化植根于中华文明，人民政协同样是从中华文化土壤、中华民族文化血脉中生长出来的。人民政协是马克思主义基本原理同中华民族长期形成的天下为公、兼容并蓄、求同存异等优秀政治文化紧密结合的成果。中华文化推崇天下为公、和合共生。和而不同、和则生物是自然法则，也是治理理念。中华文化倡导“民惟邦本”、“民贵君轻”，“民惟邦本，本固邦宁”。中国古人从不同角度阐发民本思想，在思想上爱民、惜民、重民，在经济上养民、富民、利民，在政治上安民、信民、仁民。中华文化主张兼容并蓄、求同存异。“协”即“同心之和”，“商”即“从外知内”，通过商量、商议，达成一致和共识；“公义胜私欲”是协商实践秉持公心公义的出发点。对“商量”“商议”等百姓日用而不觉的概念赋予“协商民主”现代含义，使“有事好商量”成为中国式民主相对于西式民主的特色和优势。

（三）实践探索。中国共产党自成立起，就把实现人民民主的庄严承诺写在旗帜上。延安时期，毛泽东同志强调，共产党员“必须倾听党外人士的意见，给别人以说话的机会”。“三三制”民主政权，就是中国共产党与其他党派和党外人士协商议事的生动实践。社会主义建设时期，毛泽东同志认为，“现在是协商办事”“很需要”政协来“商量事情”，提出“长期共存，互相监督”方针。改革开放新时期，中国共产党领导的多党合作和政治协商制度确立为一项基本政治制度，写入宪法，坚持和完善这一基本政治制度成为中国特色社会主义理论体系的重要内容。

（四）创新发展。新时代以来，对加强社会主义民主政治制度建设更加重视。党的十九大以后，中国特色社会主义协商民主建设目标逐渐从制度建设转变为更加全方位的体系建设。党的十九届六中全会就“推进社会主义协商民主广泛多层制度化发展，形成中国特色协商民主体系”提出新的理论和实践命题。党的二十大提出要完善协商民主体系、推进协商民主广泛多层制度化发展，进一步厘清民主化与现代化的辩证关系。

三、不断提高协商民主制度化、规范化、程序化水平，为构建程序合理、环节完整的协商民主体系发挥政协作用

进一步明确人民政协协商民主的职能定位及其协商主体、内容、形式、机制等，是推动构建协商民主体系、加快建设社会主义民主政治的内在要求。

（一）界定基本定位：人民政协是社会主义协商民主的重要渠道和专门协商机构。“把协商民主贯穿履行职能全过程，坚持发扬民主和增进团结相互贯通、建言资政和凝聚共识双向发力”重要论断明确了人民政协协商民主的职能定位：凸显人民政协具有代表性强、联系面广、包容性大的特点，是践行群众路线较为具体的协商渠道，应当担负“重要渠道”和“专门协商机构”的使命。

（二）明确协商主体：“协商民主是全过程人民民主的重要组成部分，是我国社会主义民主政治的特有形式和独特优势，是党的群众路线在政治领域的重要体现。”“党中央制定的理论和路线方针政策，是全党全国各族人民统一思想、统一意志、统一行动的依据和基础。”在重大决策部署上，党中央听取社会各方面人士建议作出决定，而“这个决定权就在党中央，只此一家，别无分店”。从这个意义上，既强调中国共产党是最高政治领导力量，也揭示了加强党的全面领导与强化人民主体地位的高度统一。坚持党的领导，就是要确保“人民群众是社会主义协商民主的重点”。

（三）丰富协商内容：聚焦进一步全面深化改革凝聚共识、汇聚力量、建言献策。人民政协因其职能定位，围绕国家大政方针和地方的重要举措以及政治、经济、文化和社会生活中的重要问题，各党派参加人民政协工作的共同性事务，政协内部的重要事务，以及有关爱国统一战线的其他重要问题等展开协商。习近平总书记进一步凝练为："人民政协要发挥人才荟萃、智力密集的优势，聚焦推进中国式现代化、进一步全面深化改革、推动高质量发展、维护社会和谐稳定等方面的重点难点热点问题，深入推进协商议政。"既关乎推进中国式现代化的动力、目标和保障，又是党的群众路线在政治领域的重要体现，两方面在实践中基于人民立场得以贯通一致。推进中国式现代化，是关乎改革发展稳定的重大问题；其核心是人的现代化，是关乎人民整体利益、根本利益、长远利益的具体问题，两者各有重点，又辩证统一，必然充分体现协商民主的价值追求。

（四）创新协商形式：形成人民政协特色的多样化载体平台。习近平总书记指出全面发展协商民主，要健全提案、调研、考察、会议、论证、听证、公示、评估、咨询、网络、民意调查、民主监督等方式，结合实际搭建对话交流、恳谈沟通平台。确保协商民主实践生动展开，需要不断完善协商形式，如提案、会议、座谈、论证、公示、咨询、网络等，让协商主体"可以充分发表意见，畅所欲言，可以提修改意见，可以批评"，构建多层次、体系化、高效率的协商议政格局。比如，全国政协双周协商座谈会以规格高、频率高、周期稳优势，成为协商议政常态化制度，展示了“有事多商量、有事好商量、有事会商量”的生动实践。

（五）完善协商机制：健全和完善协商民主制度体系。民主实践逻辑统一于宏观运行机制和具体实现过程。在宏观层面，协商贯穿民主选举、民主协商、民主决策、民主管理、民主监督等环节，以拓宽民意表达渠道；在落实层面，协商制度嵌入政策实施全过程各阶段，以提高决策的科学性民主性。协商民主纳入政府决策程序，包括协商内容、平台载体、组织运行、质量评价、能力提升和工作衔接等过程性、程序性机制，借此衔接各种协商主体、融汇各种协商内容、运用各种协商形式，确保协商民主过程完整性和人民参与持续性。

四、聚焦全面推进中国式现代化，以进一步全面深化改革为根本动力健全人民政协协商民主机制

（一）坚持党的领导，健全党领导协商民主建设的工作制度。坚持党的领导，是政协成立时的初心所在，是人民政协事业发展进步的根本保证。在制度设计二，坚持党的领导、统一战线、协商民主三者目标一致、本质一体，彼此联系、相得益彰，有机统一于社会主义民主政治发展进程。其中，党的领导是根本保证。在贯彻落实层面，把党的领导贯穿到

协商议政、民主监督、凝聚共识、调查研究、团结联谊、自身建设等各项工作中，切实担负起把党中央决策部署和对人民政协工作要求落实下去、把海内外中华儿女智慧和力量凝聚起来的政治责任，确保把党的主张转化为社会各界的广泛共识和自觉行动。

（二）坚持改革创新，健全深度协商互动、意见充分表达、广泛凝聚共识的机制。坚持人民主体性原则，发挥专门协商机构作用，需要完善制度机制。要建立健全协商议题提出、活动组织、成果采纳落实和反馈机制等，坚持和完善党委会同政府、政协制定年度协商计划制度，对协商参加范围、讨论原则、基本程序、交流方式等作出规定，对各民主党派在政协发表意见、提出建议作出机制性安排，健全同党外知识分子、非公有制经济人士、新的社会阶层人士的沟通联络机制，不断提高协商实效，努力营造良好协商氛围。

（三）坚持人民至上，加强人民政协反映社情民意、联系群众、服务人民机制建设。以人民为中心是政协的优良传统，也是推进协商民主的必然要求。如果脱离了人民，民主的内涵、价值和实践都将毫无意义。全体人民的参与，才能彰显民主的真谛。要采集社会各界意见建议，通过提案、反映社情民意信息等多种形式，反映给党委和政府，把人民的心声转化为党委和政府决策的重要依据。要通过制度安排有序吸纳社会各界群众积极参与到人民政协协商民主活动中来，充分尊重人民群众知情权、参与权、表达权、监督权，努力把人民群众的智慧转化为人民政协履职建言的宝贵财富。

（四）坚持系统谋划，完善人民政协民主监督机制。民主监督是人民政协重要职能，是人民政协协商民主的重要实现形式。要发挥协商式监督优势，精准设置议题，将监督贯穿于协商会议、视察、提案、专题调研、大会发言、社情民意信息等工作之中，确保监督实效。要探索“民主监督 +”，推动完善民主监督形式同履行政治协商、参政议政职能同频共振。要形成监督合力，推动政协监督同党内监督、人大监督、行政监督、司法监督、社会监督、舆论监督等互动共进。要健全和完善组织领导、权益保障、知情反馈、沟通协调机制，增强监督实效，更好发挥人民政协民主监督在国家监督体系中的独特作用。

（作者：全国政协委员，武汉市政协主席）

创建委员履职服务平台
助力协商互动走深走实

李贻伟

党的二十届三中全会就健全协商民主机制作出重要部署，提出要“发挥人民政协作为专门协商机构作用，健全深度协商互动、意见充分表达、广泛凝聚共识的机制”。习近平总书记在庆祝中国人民政治协商会议成立75周年大会上的重要讲话中明确指出，要“不断拓展协商方式和平台。这是提高协商民主质量的重要基础”。广州市政协深入学习贯彻习近平总书记关于加强和改进人民政协工作的重要思想，全力打造委员服务中心这一履职服务综合平台，助力协商互动走深走实，推动协商民主高质量发展，努力把人民政协建设成为委员之家、民主之家、团结之家。

一、创建委员服务中心是丰富人民政协协商民主平台的积极探索

一是有利于更好发挥专门协商机构作用。专门协商机构要有专门协商机构的样子，而完善的政协协商实践平台是重要体现之一。建设委员服务中心，是拓展政协协商方式和平台的新尝试，有助于强化对委员的综合服务保障，也是对进一步改进人民政协履职工作方法、提高协商能力、提升协商实效的实践探索。

二是有利于健全委员联系界别群众工作机制。建设委员服务中心，为委员联系界别群众提供了制度化常态化的平台，密切了委员与界别群众的沟通和联系，丰富了党的群众路线在人民政协的生动实践，有利于加强思想政治引领、广泛凝聚共识，更好发挥人民政协的“重要阵地”“重要平台”“重要渠道”作用。

三是有利于强化委员责任担当。依托委员服务中心，以推动政协高质量履职为着力点，建立覆盖全体委员的联系服务网络，形成履职评价体系、委员作用体系、智库协同体系和议政平台体系，能够创造良好条件，进一步强化委员的使命感责任感，促进提高委员履职能力，推动委员自觉投身国家治理第一线，切实开展凝心聚力、决策咨询、协商民主等履职实践。

二、委员服务中心为政协委员履职尽责提供了宽广舞台

（一）坚持以读书学习为牵引，不断加强思想政治引领。政协协商履职的过程，也是实现党的领导的过程，必须加强思想政治引领。一是强化党的创新理论武装。组织委员全面深入学习习近平新时代中国特色社会主义思想，深刻领悟“两个确立”的决定性意义，增强“四个意识”、坚定“四个自信”、做到“两个维护”。持续深入界别、深入基层、深入群众，广泛开展走访联系活动，2023年组织协调263名委员走进基层社区开展政策宣讲。二是开展“书香政协”活动。在委员服务中心深入开展“学思建言、书香政协”读书活动，注重把加强思想政治引领、广泛凝聚共识融入读书活动全过程。围绕年度协商议题，设立委员读书群组，线上线下开展读书交流等活动，助力委员不断提升自身素质和履职能力。三是广泛推广政协读书理念。倡导从兴趣出发、同实际结合、为履职服务的读书理念，组织广大政协委员多读书、读好书、善读书。鼓励委员把阅读成果转化与社会溢出效应结合起来，立足委员读书“内循环”，打通社会“外循环”，影响和带动更多群众多读书。

（二）注重协商方式的整合，提高履职资源利用效率。人民政协作为专门协商机构，通过丰富多样的协商方式，组织各党派、各团体、各民族、各阶层、各界人士参与协商，推动实现广泛有效的人民民主。广州市政协通过委员服务中

心协调各方参与和合作，通过整合协商方式，提高政协资源利用效率，增强协商实效。纵向上，加强与全国、省、区政协的联系，围绕有关区域发展重点工作等议题协商议政；横向上，加强与党派团体、政府部门和市民群众的联系，做到视角互补、意见互融、提办互促，真正实现广聚智慧力量、提高协商质效、共促实践发展。

（三）加强履职信息交汇，扩大协商活动参与面。委员服务中心不仅为委员履职提供活动空间和设施硬件，更重要的是为委员履职提供信息沟通、共享、互鉴的平台，推动有关各方广泛参与。一是设立“委员之家”网上平台。在“穗协通”APP 设立专栏，为委员与委员、委员与专委会创建全时段网络互动交流平台，促进委员敞开心扉、坦诚交流、畅所欲言。二是开展网络议政、远程协商。以信息化为支撑，探索政协协商同基层协商协同配合的新形式，搭建“百姓提案”征集平台，拓宽线上线下两个渠道，形成群众署名、群众互动、奖励激励、常态联络和上下联动等机制，把“百姓提案”的提办过程变成践行全过程人民民主的过程。三是开展在线咨询互动。委员依托新媒体和移动信息工具，立足本职岗位，结合自身专业专长和资源优势，面向各界群众，开展面对面网上交流、网络问卷调查、网上民意征询等，为群众解疑释惑，吸收群众好的观点看法和意见建议并做好转化落实工作。

（四）加强委员履职服务管理，强化委员责任担当。

一是反映履职亮点成果。集中展示广州市政协自党的十八大以来打造的“万里长征图”、“粤剧红船”、穗港澳联谊联动、广州政协大讲堂等履职成果，详细生动反映委员履职的出勤率、出产率和出彩率，展示委员为民履职的敬业精神、专业精神和工匠精神，激发委员履职自豪感。二是完善委员履职档案。在委员服务中心建立委员工作室履职“云菜单”，委员履职后自动生成“云日志”，记入委员电子档案，对委员履职档案实施动态化管理。每年度向市政协常委会作一次委员履职情况统计报告，并作为向全国、省政协进行推送报道、评选优秀委员及换届时推荐委员连任的重要依据。三是强化作风纪律建设。在保障委员合法权益、鼓励其依法依章程履行职能的同时，及时提醒不作为、慢作为的委员，开出负面清单，责成委员所在专委会对有关委员进行谈话提醒。对严重违反政协章程或相关法律法规的委员，配合党委有关部门给予警告或撤销委员资格处分。

三、委员服务中心在发挥专门协商机构作用中的几点启示

人民政协协商平台的创新发展和完善，是在党的领导下我国社会主义民主政治建设的生动实践，有利于提升国家治理效能。我们要更加坚定道路自信、理论自信、制度自信、文化自信，在发展全过程人民民主中把人民政协的显著政治

优势更加充分发挥出来。广州市政协通过建好用好委员服务中心这一创新平台，在发挥专门协商机构作用方面取得了一定成效，并得到如下启示。

（一）要在践行全过程人民民主中凝聚共识。协商民主是全过程人民民主的重要组成部分，是我国社会主义民主政治的特有形式和独特优势。人民政协要提高政治站位，切实担负起把党中央决策部署和对人民政协工作要求落实下去、把海内外中华儿女智慧和力量凝聚起来的政治责任。一是要把握履职中心环节。委员服务中心打造的是一个加强思想政治引领、广泛凝聚共识的大平台，通过网络议政、联谊交往等多种形式，持续坚定“一致性”圆心，不断拉长“多样性”半径，巩固团结奋斗的共同思想政治基础。二是要发挥凝聚共识支点功能。要进一步研究如何让委员工作室更好成为学习交流的园地、联系群众的桥梁、社情民意的窗口、协商议政的平台、凝聚共识的载体。三是要把握凝聚共识的重要对象。由界别组成是人民政协组织的显著特点。做好人民政协凝聚共识工作，要牢牢把握界别特色、紧紧抓住界别群众，提高收集分析研判界别群众利益诉求与意见建议的能力。要组织委员利用视察、调研等渠道，特别是运用互联网、大数据等现代科技手段，把界别群众中分散的、零碎的利益诉求和意见建议系统化，通过精准的数据分析，实现对社情民意的科学研判，准确掌握界别群众的思想动态，以更好发挥党委政府与人民群众的桥梁纽带作用。

（二）要在推进协商民主全面发展中健全协商工作机制。全面发展协商民主，需要为各方面群众有序政治参与和利益表达提供制度化平台。制度化、规范化、程序化是协商民主发展的必然要求。因此，人民政协在拓展协商平台时，既要立足政协性质定位，也要不断健全促进平台有效运行的工作机制，并在此过程中不断扩大平台的社会影响，推动更多的人民群众参与政协协商。一是要加强政协与党委政府工作的有效衔接。坚持党对人民政协全面领导，健全知情明政制度，邀请党政有关部门同志参加政协会议，通报工作、介绍情况。加强与党委政府及有关部门沟通，促进人民群众合理意见建议及时转化。注重完善协商成果采纳、落实、反馈机制，加强跟踪落实，推动协商成果有效转化。二是要健全协商工作机制。要健全各方接受认可、操作简便有效、符合地方实际的协商工作机制，明确协商什么、同谁协商、怎样协商、协商成果如何转化运用等，促进形成符合实际需要的有效管用的制度化协商平台。三是要不断扩大政协协商的社会影响。健全政协“报刊微网”传播机制，形成平台化的媒体矩阵，扩大政协协商和协商品牌的影响力。动员界别群众关注政协协商，拓宽各社会阶层、各利益群体参与政协协商的渠道。

（三）要在加强政协委员队伍建设中发挥好委员作用。建好协商平台，是加强委员队伍建设、强化委员服务管理的重要抓手，有利于为委员履职赋能，推动委员以模范行动践行初心使命、更好发挥作用。一是要助力委员发挥好在本职工作中的带头作用。本职工作是委员履职的“富矿”，是委员提出问题、分析问题、解决问题的专业资源所在。人民政协要支持委员在本职工作中善于发现问题、思考问题，比如聚焦推动高质量发展中的重点难点热点问题，开展论证调研、提出对策建议，努力成为破解行业领域难题的“急先锋”。二是要激励委员发挥好在政协工作中的主体作用。着实发挥委员服务中心的数据统计分析功能，依托“互联网＋政协云”，在委员联络、沟通，履职统计、信息公布、成果反馈等方面强化委员服务管理，完善委员履职管理体系，为开展委员履职量化评价提供信息化支撑。及时在平台汇集分析和展示委员履职经验和成果，激励带动全体委员锤炼履职本领、做好委员作业。三是要引导委员发挥好在界别群众中的代表作用。要完善委员联系界别群众制度机制，落实界别召集人制度、界别工作制度，促使委员深入群众、密切联系群众，切实了解群众急难愁盼，以界别群众喜闻乐见的方式开展互动交流，做界别群众的贴心人。要围绕界别工作要求和委员联系界别群众工作的目标、职责等，深化和拓展协商平台功能，以为委员参与界别协商、更好联系界别群众等创造条件。要创新委员履职宣传，运用鲜活、生动的形式向各界群众宣传好委员履职成果，让各界群众感到委员是其利益的维护者、委员履职有效管用。

（作者：广州市政协主席）

完善人民政协民主监督机制 充分发挥协商式监督优势

浙江省政协课题组

政协民主监督是我国社会主义民主政治的一项重要制度安排和独特创造。党的二十大和二十届三中全会都作出完善人民政协民主监督机制的重大部署。在庆祝中国人民政治协商会议成立 75 周年大会上，习近平总书记强调要“发挥协商式监督优势，增强民主监督实效，助推党和国家重大决策部署落地见效”。浙江省政协传承弘扬好习近平总书记留给浙江的宝贵财富，不断深化对政协民主监督工作的规律性认识，持续推进民主监督实践，完善民主监督制度机制。党的十八大以来，浙江省委出台《关于加强和改进人民政协民主监督工作的实施意见》等 3 个制度文件，为推进政协民主监督工作提供制度保障。2023 年省政协完善民主监督制度机制改革工作，获得了浙江省改革突破金奖。

一、深刻认识完善政协民主监督机制的重要意义

完善政协民主监督机制，是我们党着眼于新征程上进一步提升民主监督水平、更好发挥我国社会主义民主政治优势作出的重要部署，具有深远的战略考量。

这是更好保证人民当家作主的必然要求。人民政协民主监督本质上是人民监督，是人民内部各方面有序政治参与、实现当家作主的重要途径。毛泽东同志在“窑洞对”中说，“只有让人民来监督政府，政府才不敢松懈”。周恩来同志说过，“长期共存、互相监督的方针，实际上是扩大民主”。完善政协民主监督机制，有利于完善人民当家作主的制度体系，更好保障最广大人民整体利益、根本利益、长远利益，确保人民当家作主具体地、现实地落实到国家政治生活和社会生活的方方面面。

这是推进中国式现代化的时代要求。中国式现代化必须凝聚起团结奋斗的意志和力量。完善政协民主监督机制，有利于提供一种中国共产党自身监督之外更多方面的监督，及时发现和反映现代化进程中存在的矛盾问题，从源头上预防和化解可能产生的矛盾和风险，助推党中央大政方针落地见效，有利于在监督中统一思想、化解矛盾、增进共识、增进团结，汇聚起推进现代化建设的强大合力。

这是全面发展协商民主的内在要求。政协民主监督是社会主义协商民主的重要实现形式。经过长期不懈努力，民主监督显示出旺盛生命力和蓬勃生机活力，但仍是政协履职的薄弱环节和工作短板。完善政协民主监督机制，有利于形成完整的制度程序和参与实践，为推动协商民主广泛多层制度化发展不断注入活力和动力。

二、准确把握政协协商式监督的特色优势

协商式监督明确了政协民主监督的性质定位，赋予了民主监督新蕴涵，集中体现了民主监督的特色优势。

同心同向的政治优势。协商式监督源自中国共产党与各民主党派、无党派人士长期共存、互相监督、肝胆相照、荣辱与共的优良传统，是与党和政府同心同德、同向发力的合作性监督，有利于达成思想共识、目标认同和行动统一，推动社会各界贯彻落实党委政府的重大决策部署。完善政协民主监督机制，就要坚持党的领导、统一战线、协商民主有机结合，完善党领导政协民主监督工作制度，切实落实党对政协民主监督工作的各项要求。

建议性强的专业优势。协商式监督要义是提出意见、建议和批评，在解决问题和改进工作过程中增进团结、凝聚共识，是“建设性”监督。完善政协民主监督机制，就要优化重点监督方案生成机制，尊重委员民主权利，发挥委员专业

优势，鼓励讲真话、建诤言、献良策，实事求是反映情况和问题，认真严肃、有理有据开展批评，提出具有前瞻性、针对性、可操作性的对策建议。

凝心聚力的民主优势。协商式监督是基于协商民主而形成的融协商和监督于一体的监督形式，不具有权力性和强制约束力，靠的是平等协商的民主精神，靠的是切中要害的真知灼见，靠的是以理服人的方式方法，其本质体现的是有事好商量的人民民主真谛。完善政协民主监督机制，就要坚持发扬民主和增进团结相互贯通、建言资政和凝聚共识双向发力，广纳群言、广集民智，增进共识、增强合力。

规范有序的组织优势。长期以来，人民政协形成了以政协章程为核心的工作制度体系和完备组织体系，搭建了多层级的履职平台，具有监督方式多样、参与主体多元、程序机制规范的独特优势，是一种有组织的监督。完善政协民主监督机制，就要适应专门协商机构建设要求，拓宽监督渠道、丰富监督形式、创新监督实践，提升监督的质量实效。

三、推动政协民主监督机制不断完善

新征程上，我们要更加注重系统集成、更加注重突出重点，更加注重改革实效，持续完善政协民主监督机制，更充分地发挥政协民主监督的优势作用。

一是完善党对民主监督工作的领导机制。党的领导是政协开展民主监督的根本保证。要进一步完善党领导政协民主监督工作制度，推动民主监督工作纳入党委工作总体部署，定期听取工作汇报，及时研究解决重要问题；进一步推动各方面增强接受民主监督的自觉性和主动性，认真倾听、积极采纳来自人民政协的意见建议，营造良好氛围和条件。实践中，我们始终把坚持党的全面领导作为根本政治原则和政治规矩，自觉聚焦中心工作谋划安排民主监督工作，严格执行重大事项请示报告制度，重点监督议题列入党委政府政协年度协商工作计划并报党委批准后实施，执行落实情况及时向党委报告，确保监督正确方向。近年来省政协围绕持续擦亮“千万工程”金名片、加快乡村振兴示范省建设和深入实施数字经济创新提质“一号发展工程”落实情况等开展专项集体民主监督，都纳入了省委常委会年度工作要点，做到监督有计划、有题目、有载体、有成效。

二是完善民主监督融入政协履职全过程的机制。人民政协集协商、监督、参与、合作于一体，开展监督过程中要统筹履行政协职能，坚持把协商贯穿于民主监督的全过程，寓监督于会议、视察、提案、专题调研、反映社情民意等各项工作，充分发挥会议监督、视察监督、提案监督、调研监督等基本监督形式的作用，尤其要在组织开展各类协商活动中增加民主监督比重，通过深入调研真切感知经济社会实际运行状况、人民群众急难愁盼，实事求是反映情况和问题，围绕落实不力提出批评意见、针对存在不足督促整顿改进，进一步彰显监督功能。比如，我们连续5年围绕“城乡生活垃圾分类处理”开展监督，组织三级政协2万多名委员以小分队、小团组方式明查暗访，聚焦危险废物处置举办民生协商会，开展“推进美丽浙江建设”委员视察，就城市生活垃圾总量零增长召开界别协商会，围绕生活垃圾管理条例草案组织委员参与立法协商，串起了履职链、工作链、成果链，形成了多年同主题、年度有侧重、几届成系列的履职品牌。

三是完善民主监督与其他监督形式协调配合的机制。作为党和国家监督体系的重要组成部分，政协民主监督与党内监督、人大监督等监督形式具有很强的互补性和合作性。要把政协民主监督纳入国家监督体系，通过推动主体互动、内容贯通、形式对接、机制协调，形成衔接顺畅、配合有效的监督工作格局，释放政协民主监督功效。实践中，我们加强与行政监督相结合，通过担任特邀监察员、机关效能监督员等方式，组织政协委员对党风、政风、行风进行监督。与浙江新闻媒体合作创建了“同心桥”“同心树”“之江同心”等专刊、专栏、专题节目，扩大监督影响力。经省委批准，探索建立政协民主监督与纪委监委专责监督贯通协调机制，围绕协同推动高质量发展、协力增进民生福祉、协作推进作风建设、协商督办提案办理、协助开展监督评议，建立政情通报、联席会商、工作调度、线索移交等机制，增强整体监督效能。

四是完善民主监督与数字技术相融合的机制。数字技术的广泛运用，给民主监督工作提供了新途径、新手段。要主动运用数字网络技术，推动民主监督的组织机制、方法流程、手段工具进行系统性重塑，增强监督针对性、有效性。比如，搭建“互联网＋监督”多跨业务场景，实时传送、现场感知、跨区协同，促进从传统监督方式向科学、全程、全面监督转变；汇集监督工作中的各类数据，通过数据建模、研究和深度分析，生成可供决策服务的结果数据，确保监督项目更精准。近年来我们充分利用浙江省数字化改革成果，开发上线“浙江政协·掌上履职”平台，搭建“随手拍”“快捷报”等跨场景应用，实现监督不受时间和空间限制。2023年，围绕迎亚运盛会开展监督，上线“协商在线·三级联动民主监督”应用，贯通基层智治系统，以“快捷报”形式图文并茂反映群众关切的问题，办复率超过80%，被称为“最便捷、最实用、最高效”的监督方式。

五是完善民主监督组织实施机制。政协民主监督是一项严肃认真的政治活动，贯穿于民主政治建设的各环节各方面。要坚持把着力点放到加强系统集成、协同高效上，促进与党政工作有机衔接、监督与协商协同互促、政协组织间联动配合，不断拓展监督广度、深度和效度。特别是要加强监督活动程序设计，规范监督计划制定，完善监督议题提出、活动组织、沟通协调、成果运用等机制。近年来，我们系统规范了围绕省委、省政府重大决策落实情况等8个方面监督内容，规范了会议监督、专项监督等12种形式，细化了制订计划、拟订方案、组织实施、审议意见、办理意见、反馈落实的民主监督“六步法”程序机制，明确监督议题必须经主席会议研究确定，重点题目由主席会议成员牵头负责，确保监督有力有序有效开展。

六是完善促进民主监督成果运用机制。做好民主监督“后半篇”文章，是提升监督实效的重要环节。要完善监督成果运用机制，包括完善监督意见的甄别、整理、报送机制，探索将监督的建议转化为党政部门决策的议题和执行的方案，探索建立与党委、政府沟通联系共同督办的机制，探索对重大监督意见建议再调研再协商再监督的机制，推动监督成果转化落实。这些年，我们制定省直党政部门同专门委员会对口联系的文件，建立定期联系、会商办理机制，制定协商计划时就明确办理反馈主体、内容、时限；对政协报送的监督成果，党委、政府负责同志作出批示的，列入督查事项和考核体系；对一些办理落实难度较大、周期较长的意见建议，通过连续调研、跟踪视察等形式对重点工作进行持续跟踪，促进重要监督意见建议真落地、真见效。

加强党对人民政协全面领导的要义内涵

吴秀生

习近平总书记在庆祝人民政协成立75周年大会上深刻指出，“坚持中国共产党对人民政协的全面领导”。坚持中国共产党的领导，是成立人民政协时的初心所在，是人民政协始终恪守的根本政治原则。1948年4月30日，中共中央发布了著名的“五一口号”，号召“各民主党派、各人民团体及社会贤达，迅速召开新的政治协商会议，讨论并实现召集人民代表大会，成立民主联合政府”，得到了各民主党派、人民团体、海外华侨团体和无党派民主人士的热烈响应，这与各党派团体和各族各界对旧政协的失望形成了鲜明的对比，是党对人民民主的卓越领导的结果。毛泽东同志在《新民主主义论》中指出：“中国革命的历史特点是分为民主主义和社会主义两个步骤，而其第一步现在已不是一般的民主主义，而是中国式的、特殊的、新式的民主主义，而是新民主主义。”新民主主义是以共产主义思想为指导的，中国的民主革命不能离开无产阶级领导，不能离开共产主义思想体系的指导，不能离开社会主义的发展前途。人民政协的成立，增强了全国人民对新中国的政治认同，进一步加强了中国共产党的领导，使全国人民更加紧密地团结在党的周围。在中国共产党的坚强领导下，中国的民主实践实现了新旧跨越，取得了把马克思主义普遍真理同中国具体实际相结合（第一个结合）的伟大成果。

民主不是工业化定制的产品，全世界不会是一个模式、一个规格。民主是具体的、历史的、发展的，各国民主植根于本国的历史文化传统，成长于本国人民的实践探索和智慧创造。习近平总书记指出：“中国走上这条道路，跟中国文化密不可分。我们走的中国特色社会主义道路，它内在的基因密码就在这里，有中华优秀传统文化这个基因。”中华民族长期形成的优秀文化是中国式民主的重要来源之一。马克思主义与中国文化的结合让我们能够在党的领导这一根本政治前提下，充分运用中华优秀传统文化的宝贵资源，探索面向未来的民主政治理论和制度创新。中国共产党创造了中国社会主义民主政治独有的协商民主，催生人民政协成为统一战线的组织、多党合作和政治协商的重要机构、人民民主的重要实现形式、中国特色的制度安排、国家治理体系的重要组成部分。

“第二个结合”不是天上掉下来的，是在党的领导下通过有组织的工作得以实现的，是无产阶级的文化领导权、党的文化领导力的具体体现。第一，中国共产党深知，中国无产阶级政党领导的反帝反封建反官僚资本的政治纲领与马克思主义学说倡导的社会主义、共产主义理想与中华民族天下为公、大同理想是契合的，全党保持了文化自信；第二，中国共产党人致力于马克思主义中国化时代化，阐释并建构了马克思主义的中国风格、中国气派；第三，中国共产党历来高度重视文化统战工作，对不同思想意识坚持又斗争又团结的方针，争取最大多数的支持，坚信自我改造和自我教育的力量，争取到了各党派团体、各族各界最广泛的文化认同；第四，通过提高全民文化教育水平和马克思主义的通俗化、大众化，不断推动马克思主义文化的传播，使其成为时代精神的精华。延安整风、实践标准讨论、党的十八大以来的主题教育，无一不是成功案例。

习近平总书记指出，人民政协作为中国共产党领导的政治组织，有利于完善人民当家作主的制度体系，有利于最大限度把全体中华儿女智慧和力量汇聚起来，有利于促进科学决策、有效施策，提升国家治理效能。中国共产党通过在政协开展多种形式的政治协商，广泛听取意见，同时接受各党派团体和各界群众对执政党和国家政权的监督，促进决策的科学化和民主化，从而使中国共产党的执政能够最大限度地反映民意，最大限度地凝聚民智，更好地代表和维护人民群众的根本利益，真正有效实现党的全面领导，提高党的领导力。党对人民政协的全面领导是政治要求、组织要求，是人民政协的政治灵魂，人民政协对于实现党的全面领导具有特殊的意义功能，则是我们的政治职责和政治使命。

人民政协是实现党的全面领导的重要平台

党的领导是具体的不是抽象的，在政协，党通过这一统战组织实现在政治立场、政治方向、政治原则上对各党派团体各族各界人士的政治领导。人民政协作为实行中国共产党领导的多党合作和政治协商这一基本政治制度的重要政治形式和组织形式，能够发挥统一战线组织功能，坚持一致性和多样性相统一，不断巩固共同思想政治基础，广泛凝聚共识，努力寻求最大公约数、画出最大同心圆。人民政协通过政协协商的制度实践，可以把党中央决策部署和对人民政协工作的要求转化为各党派团体和各族各界人士的思想自觉与行动自觉，使人民政协更好成为坚持和加强党对各项工作领导的重要阵地、用党的创新理论团结教育引导各族各界代表人士的重要平台、在共同思想政治基础上化解矛盾和凝聚共识的重要渠道。

人民政协是夯实党的执政基础和群众基础的重要载体

人民政协由界别组成，囊括了各党派团体、各民族、各阶层和各领域的代表人士，具有联系广泛、上通下达的沟通优势。人民政协聚焦于中国式现代化进程中的重大问题，把不断满足人民对美好生活的需要、促进民生改善作为重要着力点，最大限度集中和反映社会各界的利益诉求，助力解决好现代化发展中“不平衡不充分”问题。同时，通过政协组织联系政协委员、党员委员联系党外委员、政协委员联系界别群众制度等，广泛联系和动员各界群众，协助党和政府做好协调关系、理顺情绪、化解矛盾的工作，深入宣传党和国家方针政策，把更多的人团结在党的周围，夯实党的执政基础，衷心拥护党的领导，为推进中国式现代化提供不竭的动力。

人民政协是党领导下的国家治理体系的重要组成部分

人民政协作为社会主义协商民主的重要渠道和专门协商机构，确保各界依法有效参与国家社会事务管理，提升国家治理能力。人民政协专门委员会有很强的组织优势，政协委员是本领域本行业的有为之士，具有智力密集、人才荟萃的优势，要以“功成不必在我”的精神境界和“功成必定有我”的历史担当，理性有序地提出有针对性、前瞻性、可操作性的意见建议，成为党政领导部门科学决策、民主决策的有益参考。

人民政协是实行新型政党制度的重要政治形式和组织形式

人民政协作为中国共产党同各民主党派团结合作的政治机关，作为各民主党派有序政治参与的渠道，是新型政党制度运行的重要制度性保障和机制性安排。政治协商是实现党的领导、提高党执政能力的重要方式，中国共产党在人民政协同各民主党派和各界代表人士的协商是政治协商的一种基本方式。人民政协要通过充分协商等有效工作，积极宣传贯彻中国共产党的方针政策，用党的创新理论团结教育引领各党派团体和各族各界代表人士，努力把党的主张化为各党派团体、各族各界共识，夯实团结奋斗的共同思想政治基础，实现中国共产党对各方面的政治领导、思想领导。

人民政协是实现全过程人民民主的制度安排

人民政协是广泛的民主集中制的生动体现，是党联系人民群众的重要政治组织，在加强协商民主制度建设中，人民政协的协商民主已基本形成完整的制度程序，保证社会各界在日常政治生活中有广泛持续深入参与的权利。它体现了一致性和多样性的统一，既能维护人民的根本利益和长远利益，又能照顾和协调好各个方面的具体利益和眼前利益；既能广泛地反映各方民意，又能汇聚各方面的智慧和力量，全面协调利益关系，从而实现广泛民主基础之上的有效集中与统一，促进中国特色社会主义民主政治有序发展，巩固生动活泼、安定团结的政治局面。

（作者：全国政协教科卫体委员会办公室主任，
中国人民政协理论研究会理事）

人民政协践行全过程人民民主的逻辑与路径

邢邦志

践行全过程人民民主是环节全链条、空间全方位、主体全覆盖的系统工程。习近平总书记在庆祝中国人民政治协商会议成立75周年大会上指出："回顾历史，展望未来，我们要更加坚定道路自信、理论自信、制度自信、文化自信，在发展全过程人民民主中把人民政协的显著政治优势更加充分发挥出来，不断巩固和发展生动活泼、安定团结的政治局面。"党的二十届三中全会就聚焦发展全过程人民民主、健全协商民主机制作出明确部署。人民政协作为社会主义协商民主的重要渠道和专门协商机构，要充分用好协商民主这个党领导人民有效治理国家、保证人民当家作主的重要制度安排，不断强化践行全过程人民民主真谛在协商、关键在机制、重点在平台、重心在基层的有效路径建设，把协商民主贯穿政协履职全过程，更加充分发挥人民政协践行全过程人民民主的显著政治优势和基础机制作用。

一、人民政协践行全过程人民民主的逻辑机理：人民政协是发展全过程人民民主的重要制度安排，在践行全过程人民民主中具有基础性地位

（一）协商民主作为实践全过程人民民主的重要形式，彰显的是人民民主的真谛。社会主义协商民主传承中国传统协商理念，具有内生性特征，是中国社会主义民主政治中独特的、独有的、独到的民主形式。这里讲的独特、独有、独到，凸显的是社会主义协商民主区别于西方民主的显著特征，强调的是中国共产党领导的政治上独特的顶层设计、制度上独有的系统安排、实践上独到的内嵌发展。全过程人民民主是内容多维统一的民主，从本质上来说，是把人民当家作主作为至高无上的价值追求的民主，其根本目的是使最广大人民的意愿得到充分反映、合法权益得到充分保障、当家作主的权利得到充分实现。社会主义协商民主的理念内涵与全过程人民民主的价值追求高度契合，并且贯穿于全过程人民民主的完整参与实践中，保证了民主的有效性和充分性，实现了对西式民主的超越，使全过程人民民主的中国特色更具可识别性、优势效能更加彰显。

（二）人民政协作为社会主义协商民主的重要渠道和专门协商机构，是践行全过程人民民主的重要制度安排。从制度层面看，人民政协是我国在政治安排上保证民主党派和无党派人士等占大多数，是中国共产党领导的多党合作和政治协商的重要机构，是党领导的统一战线组织和专门协商机构在基本制度层面的具体安排。从机制层面看，在全过程人民民主运行体系中，人民政协是以协商为“专事”的政治机构，拥有完善的协商议政体系，有效实现了对社会多样化利益需求最大限度的吸纳，承载了国家意志、政治参与和社会利益对接的基本整合和凝聚功能，在践行全过程人民民主过程中通过广泛协商发挥着凝心聚力、夯基垒台的基石与基础机制作用，为人民民主的全过程实践提供了可能。

（三）新时代人民政协特别是地方政协，肩负着在发展全过程人民民主中把自身的显著政治优势更加充分发挥出来的重要使命责任。推进全过程人民民主在实践中落地生根、开花结果，是发展社会主义民主政治、推进中国式现代化的必然要求。在这个过程中，人民政协作为实现党的领导、统一战线、协商民主有机结合的重要制度载体，使命在肩、责无旁贷。尤其是地方政协，更应发挥贴近基层、联系群众、服务人民的天然优势，加强政协协商与基层协商的协同配合，不断创新参与基层社会治理的方式方法，更好地把人民政协的制度优势真正转化为治理效能。一方面，要着力加强制度化、规范化、程序化等功能建设，夯实发扬民主和增进团结相互贯通、建言资政和凝聚共识双向发力的制度基础。另一方面，要在提高政协协商服务基层社会治理水平、提升委员服务界别群众能力上作出新探索，进一步畅通人民政协参与全过程人民民主基层实践的渠道，使人民政协与界别群众对接在基层，让政协协商与基层民意衔接零距离，在接地气、惠民生中拓展履职空间、增强履职实效。

二、人民政协践行全过程人民民主的现实路径：关键在于健全制度机制，重点在于丰富平台载体、夯实基层基础

习近平总书记2019年在上海首次提出全过程人民民主重大理念，2023年底在上海考察时再次强调，要把全过程人民民主融入城市治理现代化。为贯彻落实习近平总书记在上海考察时重要讲话精神，十四届上海市政协提出要打造全过程人民民主政协最佳实践地，于2024年1月在长宁区古北市民中心创设上海政协全过程人民民主实践点。实践点确立了“一个窗口”“五个平台”的功能定位，即打造充分彰显社会主义协商民主独特优势和治理效能、生动展示全过程人民民主创新实践和精彩故事的重要窗口，打造有序参与平台、联系界别群众平台、深度调研平台、联动协商平台、凝聚共识平台。实践点启动以来（截至2024年9月下旬），

上海市、区两级政协深入开展重点提案联合督办、界别工作联动交流、组织委员参与基层协商等协商议事活动 61 场次，在沪全国政协委员和上海市、区政协委员走进实践点 912 人次，界别（基层）群众参与实践点活动 2461 人次，反映社情民意信息 732 条，接待驻沪领馆官员、外国公务员、留学生、国内参访等国内外团组 81 个，接待国外友人 151 人次，形成了一批体现协商民主实效的高质量履职成果。

上海政协全过程人民民主实践点的创新探索进一步表明，推动发展全过程人民民主，人民政协优势独特、大有可为。在实践点运行中，也发现一些具有普遍意义的问题，比如联系界别群众的深度广度还不够、界别群众全过程参与协商环节的制度设计还不够完善、典型实践案例的带动作用还不够强等。特别是对标习近平总书记在庆祝中国人民政治协商会议成立 75 周年大会上的重要讲话要求和党的二十届三中全会关于健全全过程人民民主制度体系、健全协商民主机制的新部署，人民政协要更有效地将全过程人民民主的价值理念转化为具体现实的民主实践，需要聚焦协商民主贯穿履职全过程，着力在制度机制、平台载体、基层基础等方面下更大功夫。

（一）人民政协践行全过程人民民主，关键在于形成机制健全、程序合理、链条完整的政协践行全过程人民民主的工作闭环体系，促进民主参与更加有序。要着力完善以下六项机制。一是完善履职议题提出机制，落实凡是涉及群众切身利益的决策部署都要充分听取群众意见的工作要求，拓展听取群众意见建议的有效渠道。二是完善深度协商互动机制，落实党委和政府负责人出席政协协商活动的制度化安排，把发言、提问、回应、讨论作为重要环节和方式，贯穿协商全过程。三是完善协商式监督机制，发挥专题会议监督、视察监督、提案监督特别是专项监督的功能作用，尤其是要重点强化专题监督性常务委员会会议的监督属性。四是完善精准建言资政机制，拓展调查研究广度深度，扩大委员参与面、群众覆盖面。五是完善广泛凝聚共识机制，健全委员联系界别群众制度，畅通党外知识分子、非公有制经济人士、新的社会阶层人士意见诉求表达渠道。六是完善履职成果评价反馈机制，建立健全协商议政质量评价体系，强化对履职成果的梳理归纳、研究论证、评价反馈。

（二）人民政协践行全过程人民民主，重点在于打造一批为社会各界广泛有序参与政协协商提供多样化服务的载体平台，促进民主实践更加充分。要着力完善以下八种平台。一是拓宽汇集民意平台，提供更多路径保障，使群众心声、诉求的传递更加及时。二是健全深度协商平台，建强用好“深度协商互动、意见充分表达、广泛凝聚共识”的各类载体。三是拓展有序参与平台，让社会各界根据不同领域议题都有机会参与其中、渐次表达。四是完善民主监督平台，探索开展集群众提问、委员建言、部门答复、专家评议于一体的恳谈式会商监督，推动民主监督重心向一线下沉。五是深化联动履职平台，推动各级政协组织跨层级、跨地域联办学习培训、联建协商平台、联合调研监督。六是搭好凝聚共识平台，坚持“第一议题”制度，办好各种类型的委员讲堂讲坛，组织委员广泛开展宣传宣讲。七是做强团结联谊平台，拓宽广度深度，彰显特点特色，做强活动品牌。八是优化宣传展示平台，精心创造可观察的亮点、可触及的场景、可借鉴的经验、可感知的成效，推动全过程人民民主重大理念深入人心。

（三）人民政协践行全过程人民民主，重心在于把政协工作触角向基层延伸，推动委员积极参与基层社会治理，促进民主效能更加彰显。要着力形成“一二三四”工作格局。一是强化协同推进，实现“一个品牌”区域共建。逐步推动各省、自治区、直辖市政协在所属区域范围内建立统一的协商活动品牌，形成整体效应。二是完善议事规则，实现“两种协商”协同配合。对委员参与基层协商议事的内容、主体、程序等作出科学设计，推动政协协商与基层协商在主体、议题、平台上协同联动，确保协商议事既体现基层协商特点，又彰显政协协商优势。三是坚持双向发力，实现“三种功能”融为一体。把协商议事、凝聚共识、联系群众作为政协各类设在基层的协商平台的主要功能，推动委员在参与基层社会治理中当好党的政策传播者、社会共识凝聚者、群众利益维护者。四是推动委员下沉，实现“四级委员”协同履职。推动各级政协委员深入基层、深入实际，掌握真实情况、找准问题症结，提出接“地气”、带“露珠”的建议。打通网上履职平台，实现委员参与基层社会治理从“面对面”向“键对键”拓展。

（作者：上海市政协常委，
上海政协全过程人民民主实践点联席办主任，
市人民政协理论研究会常务副会长）

“两个结合”视域下人民政协事业发展的基本逻辑

张贤明

习近平总书记在庆祝中国人民政治协商会议成立75周年大会上指出：“人民政协是中国共产党把马克思列宁主义统一战线理论、政党理论、民主政治理论同中国具体实际相结合、同中华优秀传统文化相结合的伟大成果，是中国共产党领导各民主党派、无党派人士、人民团体和各族各界人士在政治制度上进行的伟大创造。”在“两个结合”视域下把握人民政协事业发展的内生规律与演进逻辑，是把人民政协事业发展好的重要维度。

一、马克思主义基本原理同中国具体实际相结合确立了人民政协事业发展的价值基准

马克思主义基本原理之所以是人民政协事业发展的“魂”，是因为它适应了中国革命、建设、改革各阶段的时代特征。实践也证明，以马克思主义为指导且符合中国实际的制度模式有利于推进中国式现代化。

第一，人民政协是中国共产党领导中国人民在政治制度上的伟大创造，是实行新型政党制度的重要政治形式和组织形式，契合了马克思主义的政党理论。马克思主义强调无产阶级政党的领导地位，同时强调不同党派之间联合的重要价值。习近平总书记指出，人民政协要“坚持好、发展好、完善好中国新型政党制度，支持各民主党派和无党派人士更好履职尽责”。75年的实践证明，人民政协作为专门协商机构搭建了中国共产党与各民主党派的协商平台，既体现了中国共产党的领导核心地位，也实现了各民主党派参政议政的基本权利，是马克思主义的政党理论在中国的伟大实践。人民政协为各党派团体和各族各界人士有序政治参与和利益表达提供制度化平台，在坚持中国共产党对人民政协的全面领导、坚持和完善我国社会主义新型政党制度中不断发展，成为中国共产党领导人民有效治理国家、保证人民当家作主的重要制度安排。

第二，人民政协有效促进了党派团结、阶层团结，彰显

了马克思主义统一战线理论的基本精神。马克思主义高度重视统一战线的价值，强调联合对于革命的重要意义。《共产党宣言》中就提出：“共产党人到处都努力争取全世界民主政党之间的团结和协调。”革命年代，中国共产党充分利用统一战线，团结各党派、各阶层、各团体，以协商的方式共谋革命大计，共同擘画新中国的宏伟蓝图。中华人民共和国成立后，人民政协以制度化的形式保障了不同党派和阶层参与国家与社会事务管理的基本权利，推动了社会各方面团结起来共同为国家发展而奋斗，并在活跃国家政治生活、调整统一战线内部关系、扩大国际交往等方面发挥了重要作用。

第三，人民政协是社会主义协商民主的重要渠道和专门协商机构，体现了全过程人民民主的真实性、管用性。发展全过程人民民主是中国式现代化的本质要求。党的二十届三中全会指出，要“健全协商民主机制。发挥人民政协作为专门协商机构作用，健全深度协商互动、意见充分表达、广泛凝聚共识的机制，加强人民政协反映社情民意、联系群众、服务人民机制建设”。人民政协作为实践全过程人民民主的重要形式，通过发挥专门协商机构作用，可以为人民群众表达诉求、提出建议提供制度化平台，助推党和国家重大决策部署落地见效，有利于完善人民当家作主的制度体系，保障最广大人民的根本利益，体现了全过程人民民主的真实性与管用性。

二、马克思主义基本原理同中华优秀传统文化相结合夯实了人民政协事业发展的底蕴根基

习近平总书记指出，“协商民主是中国社会主义民主政治中独特的、独有的、独到的民主形式，它源自中华民族长期形成的天下为公、兼容并蓄、求同存异等优秀政治文化”。中华优秀传统文化是人民政协事业发展的“根”。人民政协传承并弘扬了中国古代协商议事的文化传统、实现了中华优秀传统文化在马克思主义指导下的创造性转化和创新性发展。

第一，人民政协继承并发扬了民惟邦本、政在养民的民本思想。以民为本、安民富民一直以来都是中华优秀传统文化的重要内核，孔子倡导“博施于民”，孟子主张“民为贵，社稷次之，君为轻”，《尚书·五子之歌》提出“民惟邦本，本固邦宁”等，集中体现了中国传统的民本思想。习近平总书记明确指出：“民主不是装饰品，不是用来做摆设的，而是要用来解决人民需要解决的问题的。”人民政协作为专门协商机构，通过各类工作机制为各界群众广泛参与政协协商提供畅通渠道，广泛听取人民群众的利益诉求，开展知民情、解民忧、暖民心的工作，就人民群众的急难愁盼问题组织开展广泛充分的协商，有利于保障各种决策切实符合人民群众的利益。“一切为了人民，一切依靠人民”是人民政协开展工作的应有之义，在马克思主义同中华优秀传统文化的结合中回答了“为了谁”的根本问题。

第二，人民政协继承了兼容并蓄、求同存异等优秀文化基因。中华优秀传统文化强调“和合”对于个人和共同体发展的意义。“和合”文化与马克思主义平等观互融共通。马克思主义关注社会公平正义和民族团结，与“和合”文化倡导社会和谐、民族团结相契合。人民政协作为最广泛的爱国统一战线组织，因团结而生、依团结而存、靠团结而兴，是大团结大联合的象征。人民政协以协商民主为主要工作方式，兼顾和兼容多样化利益诉求，在党派关系、阶层关系、社会关系等多重关系的有机协调中推动构建了和谐而非对抗的社会；在人与人、人与共同体的互动中体现了“人是一切社会关系的总和”，彰显了马克思主义与中华优秀传统文化的共同体意蕴。

第三，人民政协汲取了中华优秀传统文化中兼听则明、集思广益的理性协商精神。诸葛亮说“集众思，广忠益”，唐朝魏徵说“兼听则明，偏听则暗”，苏轼说“改过不吝，从善如流”，这些都反映出中华优秀传统文化强调要虚怀若谷，善于广泛听取不同意见建议，要取他人之长补己之短。在人民政协，通过组织开展多种形式的协商，可以广开言路、集思广益，促进不同思想观点的充分表达和深入交流，做到相互尊重、平等协商，遵循规则、有序协商，体谅包容、真诚协商，形成既畅所欲言、各抒己见，又理性有度、合法依章的良好协商氛围。这正契合了中华优秀传统文化中的兼听则明、集思广益的理性协商精神。人民政协发挥专门协商机构作用，聚焦推进中国式现代化和人民对美好生活的需要，广泛听取意见和建议，广泛接受批评和监督，可以达成决策和工作的最大共识，这既是统一思想、凝聚共识的过程，又是助力科学决策、民主决策的过程，体现了人民当家作主。

三、把人民政协制度坚持好、把人民政协事业发展好的基本路径

习近平总书记指出："中共十八大以来，我们适应中国特色社会主义新时代的形势任务，坚持把马克思主义基本原理同中国具体实际相结合、同中华优秀传统文化相结合，在实践创新基础上推进人民政协理论创新，不断深化规律性认识。"这表明，"两个结合"贯穿新时代人民政协事业发展的全过程，彰显了人民政协理论创新、实践创新的逻辑。只有在"两个结合"中坚定不移走中国特色社会主义政治发展道路，才能更好推进人民政协事业发展、充分发挥其在发展全过程人民民主中的重要作用。

第一，充分发挥人民政协专门协商机构作用，强化凝心聚力工作。在利益逐渐分化的现代社会，如何将各方力量凝聚成推进中国式现代化的强大合力，是国家治理现代化的基础性问题。推进中国式现代化是一项需要亿万人民群众共同参与的系统工程和伟大事业，只有不断健全全过程人民民主制度体系、优化全过程人民民主运行程序，才能最大限度地

调动各方面的积极性，形成推进中国式现代化的强大合力。人民政协作为实践全过程人民民主的重要形式，牢牢把握在推进中国式现代化中的定位和职责，坚持问题导向，健全专门协商机构制度体系、完善有关工作制度机制、提升委员素质能力，充分发挥加强思想政治引领、广泛凝聚共识，推动形成合力的作用，必然能为推进中国式现代化贡献更多政协力量。

第二，加强同其他协商渠道协同配合，助力完善协商民主体系。党的二十届三中全会指出，要“完善协商民主体系，丰富协商方式，健全政党协商、人大协商、政府协商、政协协商、人民团体协商、基层协商以及社会组织协商制度化平台，加强各种协商渠道协同配合。健全协商于决策之前和决策实施之中的落实机制，完善协商成果采纳、落实、反馈机制”。协商民主不是局限在某一个领域的，而是需要广泛多层制度化发展的，然而不同形式的协商民主的发展不平衡。人民政协是社会主义协商民主的重要渠道和专门协商机构，不仅积累了丰富的协商经验，也具备了较完善的协商民主制度机制和规范程序，通过加强政协协商同其他协商形式的协同配合，可以助力完善协商民主体系，推动协商民主全面发展。

第三，健全和规范工作机制和平台载体，发挥人民政协在社会治理、基层治理中的作用。基层治理是国家治理的基石。基层是人民群众利益汇聚碰撞的主要空间，是协商民主建设的重要场域。习近平总书记强调，人民政协要“自觉投身凝心聚力、决策咨询、协商民主、国家治理第一线的具体实践”。为此，人民政协要自觉投身基层治理，服务基层治理，参与基层民主建设，在基层推动营造有事好商量的良好氛围，推动构建人人有责、人人尽责、人人享有的社会治理共同体。要立足人民政协性质定位和独特优势，结合实际，完善委员联系界别群众制度机制，面向基层群众开展丰富多彩的委员履职服务为民活动，拓宽基层各类组织和群众有序参与基层治理的平台渠道，更好凝聚社会治理共识。

第四，以人民政协事业发展的实践创新为基础加强人民政协理论研究，丰富全过程人民民主的话语体系和理论体系。理论与实践的良性互动推动社会发展。实践创新是理论创新的源头活水，理论创新对规律的认识越深刻，对实践的指导作用就越有力。人民政协是马克思主义指导下适合中国国情、具有鲜明中国特色的制度安排，应在“两个结合”的视域下积极探索构建人民政协理论体系和话语体系，将人民政协的形成机理、价值意蕴、运作机制、治理效能进行学术化表达和体系化建构，向国际社会讲好中国协商民主故事，传播好中国协商民主声音，以理论自信促进制度自信，丰富全过程人民民主的话语体系和理论体系。

（作者：中国人民政协理论研究会理事，
吉林大学行政学院院长）

发挥人民政协作为专门协商机构的作用

马　奔

习近平总书记在庆祝中国人民政治协商会议成立65周年大会上首次提出，“人民政协要发挥作为专门协商机构的作用”，这为做好新时代人民政协工作提供了根本遵循。2024年9月，在庆祝中国人民政治协商会议成立75周年大会上，习近平总书记进一步要求人民政协“充分发挥专门协商机构作用，为推进中国式现代化广泛凝聚人心、凝聚共识、凝聚智慧、凝聚力量”，强调“坚持发挥人民政协作为专门协商机构作用”是中共十八大以来，我们适应中国特色社会主义新时代的形势任务，坚持把马克思主义基本原理同中国具体实际相结合、同中华优秀传统文化相结合，在实践创新基础上推进人民政协理论创新，得出的规律性认识之一。

作为专门协商机构，人民政协“专”在哪里？人民政协具有人才荟萃、智力密集的优势，具有职责专业性强、协商专业性强、组织专业性强的特点。职责专业性主要体现在，人民政协是“专门”从事协商的机构，协商是其主要工作。人民政协围绕国家经济社会发展中的重大问题，开展广泛、深入的协商，有利于形成最大公约数，画出最大同心圆，体现了社会主义民主政治的独特优势。协商专业性主要体现在，人民政协开展协商具有专业平台、专门制度。通过搭建机制化、常态化协商平台，综合运用专题协商、对口协商、界别协商、提案办理协商等多种方式，确保协商效率高、效果好；通过巩固提升程序化水平，优化参与协商的范围、讨论原则、基本程序，确保平等、有序、理性、充分协商。组织专业性主要体现在，政协委员作为各党派团体和各族各界代表人士，是由各方面郑重协商产生的，在本界别中有代表性，有社会影响和参政议政能力。人民政协通过发挥委员作用，引导委员勤学习、勇担当、善履职，培养了一支具有专业思维、专业知识、专业能力的协商履职队伍。

人民政协作为专门协商机构，在实践中展现了独特的优势作用

第一，在全面发展协商民主中具有独特政治作用。首先，人民政协是政治参与和意见表达的重要渠道，有助于各方面声音和诉求“上下贯通”，实现有效的民意传递，使政策制定充分考虑各方声音。其次，通过会议、调研、视察等形式，搭建起政协委员与界别群众沟通交流平台，以问题为导向，助力解决人民群众的急难愁盼问题。再次，人民政协不仅为政策制定提供稳定智力支持，而且通过发挥民主监督职能，可以就政策执行情况开展跟踪和评估，有利于促进政策落地落实。最后，人民政协的多样化构成保障不同利益群体间开展协商互动，有助于党和政府决策施策赢得广泛支持，为推进中国式现代化广泛凝聚人心、凝聚共识、凝聚智慧、凝聚力量。

第二，在国家治理体系建设中发挥独特政治效能。主要体现在促进科学决策和广泛凝聚共识两大方面。人民政协作为国家治理体系的重要组成部分，其重要任务是在保障人民民主权利的基础上不断扩大政治参与、拓展协商形式、丰富协商内容，推动协商成果更好纳入国家治理决策过程。近年来，各地政协在服务国家和社会治理实践中逐步探索出诸如网络议政、“界别同心汇”、“政协委员工作室”等创新履职形式，打破时空阻隔，使参与开放性不断增强，“云上”交换意见、“线上”碰撞思维，及时达成共识，有效促进了治理效能的提升。

第三，在人类政治制度发展史上具有独特政治价值。人民政协的制度优势体现了马克思主义基本原理同中国具体实际相结合、同中华优秀传统文化相结合，其联系面广、包容性大，坚持和而不同、求同存异，能够在共同思想政治基础上，推动各党派团体和各族各界人士聚焦推进中国式现代化、进一步全面深化改革、推动高质量发展、维护社会和谐稳定等方面的重点难点热点问题，深入协商议政。政协委员代表各界群众参与国是、履行职责，在密切联系界别群众过程中发挥桥梁纽带作用，既有利于保障广大人民的民主权利，也有助于夯实党执政的社会基础。人民政协展现了中华优秀传统文化中“和”的智慧，体现了我国社会主义民主的实质和真谛，充分彰显了中国特色社会主义制度优势。

人民政协通过协商有效、团结有效发挥作为专门协商机构的效能

一是协商有效。人民政协有效开展政治协商、民主监督、参政议政，有利于完善人民当家作主的制度体系，更好保障最广大人民的整体利益、根本利益、长远利益。在政治协商方面，人民政协积极开展多层次、多领域的协商互动，汇集并反映各界群众的利益诉求和意见建议。在民主监督方面，人民政协发挥协商式监督优势，增强民主监督实效，助推党和国家重大决策部署落地见效。在参政议政方面，人民政协通过扩大人民有序政治参与，形成推动协商与优化决策良性互动的机制，既助力提升决策科学性和可行性，也促进决策落实回应人民期待，增强决策实施的社会认同感。

二是团结有效。人民政协积极践行大团结大联合，为寻求“最大公约数”、画好“最大同心圆”创造有利条件，正确处理一致性与多样性的关系，在开展互动交流中增进理解与认同、促进信任与合作，落实团结目标，不断巩固了“心往一处想、劲往一处使”的生动局面，为推动全体中华儿女在以中国式现代化全面推进强国建设、民族复兴伟业中形成合力作出了重要贡献。

总之，人民政协秉持有事好商量、众人的事情由众人商量的理念，为各党派团体和各族各界人士有序政治参与和利益表达提供了制度化平台，有利于促进科学决策、有效施策，维护社会和谐稳定，提升国家治理效能。人民政协作为社会主义协商民主重要渠道和专门协商机构，契合国家治理体系和治理能力现代化的时代需求，组织性强、制度化程度高、协商参与主体专业，应更好发挥“专”的优势，在组织与制度建设、协商能力提升以及协商文化建设等方面形成积极溢出效应，助力完善协商民主体系，推动协商民主广泛多层制度化发展，不断提升整体效能。

（作者：中国人民政协理论研究会理事，

山东大学政治学与公共管理学院院长、教授）

更好发挥人民政协作为专门协商机构作用

陈 煦 周 清

习近平总书记在庆祝中国人民政治协商会议成立75周年大会上强调："新时代新征程，人民政协要发扬优良传统，牢记政治责任，坚持党的领导、统一战线、协商民主有机结合，充分发挥专门协商机构作用，为推进中国式现代化广泛凝聚人心、凝聚共识、凝聚智慧、凝聚力量。"坚持发挥人民政协作为专门协商机构作用，是习近平总书记关于加强和改进人民政协工作重要思想的重要内容。党的二十届三中全会《决定》对发挥人民政协作为专门协商机构作用作出重要部署。新征程上，我们要积极健全政协工作制度机制，让专门协商机构作用和优势充分发挥出来，为推进中国式现代化广泛凝聚人心、凝聚共识、凝聚智慧、凝聚力量。

健全深度协商互动、意见充分表达、广泛凝聚共识的机制

习近平总书记强调："健全深度协商互动、意见充分表达、广泛凝聚共识的机制，完善协商工作规则，促进不同思想观点的充分表达和深入交流，真正通过协商出办法、出共识、出感情、出团结。"人民政协作为社会主义协商民主的重要渠道和专门协商机构，协商议政是其重要职责。做好协商议政工作，就要健全深度协商互动、意见充分表达、广泛凝聚共识的机制。只有这样，才能发扬民主，让各方面充分表达意见和建议，防止协商走形式、走过场；才能让各种观点充分交流交融，增加了解，增进理解，更好聚民心、筑同心；才能广集众智，集思广益，促进科学决策、有效施策。应健全协商于决策之前和决策实施之中的落实机制，坚持和完善党委会同政府、政协制定并组织实施年度协商计划制度，围绕党和国家中心任务，紧扣党委政府年度重大决策事项，妥善制定协商计划、明确协商内容、确定协商人员、开展协商活动。健全发扬民主和增进团结相互贯通、建言资政和凝聚共识双向发力的程序机制，充分运用政协全体会议、专题议政性常务委员会会议、专题协商会、协商座谈会等形式，做到多协商、真协商、深协商。加强协商会议的协商环节和程序设计，保证协商各方多互动、多沟通、多交流，使委员发言和政府部门回应有来有往，形成既畅所欲言、各

抒己见又理性有度、合法依章的良好协商氛围。在党委领导下，总结实践经验，完善协商成果采纳、落实、反馈机制，推动协商成果更好转化为工作成效。

加强人民政协反映社情民意、联系群众、服务人民机制建设

习近平总书记指出："人民政协要把不断满足人民对美好生活的需要、促进民生改善作为重要着力点，倾听群众呼声，反映群众愿望，抓住民生领域实际问题做好工作，协助党和政府增进人民福祉。"人民政协只有坚持履职为民，保障最广大人民群众的整体利益、根本利益、长远利益，才能获得持续不断的发展动力。新征程上，人民政协应坚持人民至上，站稳人民立场，贯彻以人民为中心的发展思想，多做知民情、解民忧、暖民心的工作。健全社情民意表达和汇集分析机制，畅通利益诉求表达渠道。优化重点协商方案生成机制，通过深入调研真切感知经济社会实际运行状况、人民群众急难愁盼，实事求是反映情况和问题，提出具有前瞻性、针对性、可操作性的对策建议，为党和政府决策提供有益参考。完善政协委员联系界别群众制度机制，鼓励和支持委员广泛联系和动员各界群众，通过各种履职活动，深入宣传党和国家方针政策，做好思想引领、听取意见、反映要求、凝聚共识、增进团结、汇聚力量等工作，协助党委政府多做改善预期、提振信心的工作。引导委员立足岗位和实际、发挥专长优势，组织委员开展科普讲座、法治宣讲、捐资助学、扶残助弱、公益义诊、技术培训、项目帮扶等活动，为群众办实事、解难事，让人民群众真切感受到政协离自己很近、政协委员就在身边。

完善人民政协民主监督机制

习近平总书记指出："发挥协商式监督优势，增强民主监督实效，助推党和国家重大决策部署落地见效。"民主监督是人民政协的重要职能，是以提出意见、批评、建议的方式进行的协商式监督，在我国社会主义监督体系中占有重要地位。新征程上，加强人民政协民主监督，应准确把握协商式监督性质定位，重点围绕贯彻落实党和国家重大方针政策和重要决策部署，完善与党委政府的沟通协调机制，找准党政所需、政协所能的监督结合点和切入点。完善党对政协民主监督工作领导机制，把民主监督纳入党委工作总体部署，研究制定民主监督工作计划。完善民主监督形式，既寓民主监督于调研、视察、提案、会议等履职形式之中，也有效运用民主监督组、特约监督员等履行民主监督的专有形式开展监督，增强监督实效。完善民主监督成果办理反馈机制，规范办理反馈程序，明确相关部门责任，推动监督成果转化，助推决策贯彻落实。探索人民政协民主监督同党内监督、人大监督、行政监督、司法监督、社会监督、舆论监督等监督形式有机贯通、相互协调的机制，增强监督合力。

（陈煦：中国人民政协理论研究会第三届理事会理事；
周清：北京市习近平新时代中国特色社会主义思想研究中心特约研究员）

后　记

习近平总书记在庆祝中国人民政治协商会议成立 75 周年大会上发表重要讲话，为新时代新征程人民政协事业高质量发展指明了前进方向、提供了根本遵循。

10 月 31 日，全国政协办公厅召开 2024 年第四季度理论研讨会，主题为“学习贯彻习近平总书记在庆祝中国人民政治协商会议成立 75 周年大会上的重要讲话精神，推动新时代新征程人民政协事业高质量发展”。与会部分全国政协委员和中国人民政协理论研究会理事认真学习领会习近平总书记重要讲话精神，一致认为，人民政协作为中国共产党领导的政治组织和民主形式，做好习近平总书记重要讲话精神的学习宣传和研究阐释，不仅是履职的基础性工作，更是重大政治任务。

经过现场深入交流探讨，与会同志互相学习、相互启迪，共同把思想和行动统一到习近平总书记的重要讲话精神上来，不断增强学习贯彻的思想自觉和行动自觉，推动新时代新征程人民政协事业高质量发展。

深刻认识学习研究阐释习近平总书记重要讲话的重大意义

“习近平总书记的重要讲话深刻阐明人民政协的鲜明中国特色和显著政治优势，深刻阐述全面发展协商民主的本质特征和实践要求，丰富发展了习近平新时代中国特色社会主义思想的‘政协篇’。”研讨会现场，与会同志首先畅谈了学习贯彻习近平总书记重要讲话的重大意义。

做好习近平总书记重要讲话精神的学习宣传和研究阐释，是坚持党对人民政协全面领导、确保正确政治方向的必然要求，是加强思想理论武装、巩固团结奋斗共同思想政治基础的重要举措，是提升政治能力和履职本领、推动人民政协事业高质量发展的现实需要，这是与会同志的政治共识。

“学深悟透做实习近平总书记的重要讲话精神，要从‘两个结合’特别是‘第二个结合’的高度，深刻理解人民政协从哪里来、为什么好，进一步坚定道路自信、理论自信、制度自信、文化自信。”全国政协常委、中国企业财务管理协会会长张连起认为，要深刻认识和把握人民政协是科学、有效、管用的制度安排，推动政协协商民主彰显更大优势、发挥更大效能。

全国政协社会和法制委员会副主任、中国人民政协理论研究会副会长姚增科立足于推动人民政协事业高质量发展，分析了从理论和实践需要处理好的“厚”与“薄”、“红”与“专”、“点”与“面”、“近”与“远”、“司”与“异”、“专”与“兼”以及“做”与“说”、“勤”与“廉”这八个关系。

“人民政协筹备过程中的光辉历史和光荣传统，深深镌刻着拥护中国共产党领导的坚定信念。”全国政协委员、黑龙江省政协主席蓝绍敏表示，推动政协事业高质量发展要坚持党的全面领导、把牢正确政治方向，要聚焦新的时代课题、把握履职中心环节，充分发挥职能作用，做好凝聚共识工作。

全国政协常委、中国外文局局长杜占元认为，对外讲好人民政协故事，关键在于深刻把握人民政协工作的性质特点：围绕“人”，讲好以人民为中心的故事；聚焦“民”，讲好中国特色协商民主的故事；立足“政”，充分阐释中国新型政党制度在提高国家治理能力、促进社会发展进步等方面的优势作用；紧扣“协”，讲好中华民族团结、多党合作的故事。

有做法有经验，有理论有体会，现场与会同志纷纷表示，这次研讨会的论文质量很高，现场聆听“深受启发”“受益匪浅”。

孙大伟、王宁、杨智、邢邦志等与会同志在提交会议的书面发言中就学习好、研究好、阐释好习近平总书记重要讲话的重大意义进行阐述，提出要以重要讲话精神为根本遵循，充分发挥专门协商机构作用，不断推动协商民主广泛多层制度化发展，发挥人民政协作为中国共产党领导的多党合作和政治协商的重要机构作用，着力提升中国新型政党制度效能，深刻认识人民政协协商民主在全面推进中国式现代化背景下的发展历程，充分发挥人民政协践行全过程人民民主的显著政治优势等论断。浙江省政协课题组提出，要深刻认识完善政协民主监督机制的重要意义，准确把握政协协商式监督的特色优势，推动政协民主监督机制不断完善。

科学把握习近平总书记关于加强和改进人民政协工作的重要思想的内涵要义

习近平总书记在庆祝中国人民政治协商会议成立75周年大会上发表的重要讲话中强调，“要更加坚定道路自信、理论自信、制度自信、文化自信，在发展全过程人民民主中把人民政协的显著政治优势更加充分发挥出来，不断巩固和发展生动活泼、安定团结的政治局面”。

新时代新征程上，如何把人民政协的显著政治优势更加充分发挥出来？研讨现场，与会同志认为，最关键的是要学深悟透、凝心铸魂，科学把握习近平总书记关于加强和改进人民政协工作的重要思想的内涵要义。

坚持“党的领导”——

中国共产党的领导是成立政协时的初心所在，是人民政协事业发展进步的根本保证。“十个坚持”中第一条就是坚持党对人民政协的全面领导，阐明了人民政协必须坚定的政治方向、坚守的政治原则、履行的政治责任。

“党对人民政协的全面领导是政治要求、组织要求，是人民政协的政治灵魂。”与会同志一致认为，人民政协是政治组织，坚持中国共产党对人民政协的领导是人民政协事业高质量发展的根本政治保证，是做好新时代人民政协工作必须恪守的根本政治原则。

围绕“两个结合”——

“习近平总书记关于加强和改进人民政协工作的重要思想把马克思主义基本原理同中国具体实际相结合、同中华优秀传统文化相结合，在实践创新基础上推进人民政协理论创新的最新成果，是‘两个结合’的生动实践和光辉典范。”中央党校（国家行政学院）副校（院）长、中国人民政协理论研究会副会长龚维斌表示，这一重要思想具有深厚的文化基础、理论基础和实践基础，在人民政协助力中国式现代化行稳致远中，充分彰显了真理力量和实践伟力。

把握“根本遵循”——

“深刻把握‘十个坚持’是进一步发挥专门委员会基础性作用的根本遵循，要加强思想政治引领、进一步提高履职能力、进一步打造协商品牌、进一步深化团结联谊、进一步推动制度机制创新，坚持以改革创新精神推动专门委员会进一步发挥基础性作用。”全国政协委员、广东省政协主席林克庆说。

聚焦“理论指导实践”——

党的十八大以来，我国社会主要矛盾发生转变，人民政协事业发展面临着新形势新问题。习近平总书记对新时代人民政协事业发展问题进行深邃思考和科学把握，把人民政协事业发展纳入党和国家工作大局统筹谋划，阐明了人民政协是社会主义协商民主的重要渠道和专门协商机构，召开中央政协工作会议，出台《中国共产党统一战线工作条例》《中国共产党政治协商工作条例》，就加强和改进人民政协工作等作出一系列重大部署，形成一系列理论成果、实践成果和制度成果，需要我们把握实践要求，善于从科学理论中汲取守正创新的奋进动力。

全国政协委员、贵州省政协主席赵永清认为，“坚持党的领导、统一战线、协商民主有机结合”正是新时代发展全过程人民民主和推进社会主义民主政治建设理论创新与实践创新的结晶。要在人民政协守正创新实践中，积极探索坚持党的领导、统一战线、协商民主有机结合的实践路径，把人民政协制度坚持好、把人民政协事业发展好。

孙伟、尔肯江·吐拉洪、张贤明、吴秀生等与会同志通过书面发言，深入研究“十个坚持”的丰富内涵，紧密结合政协工作实践，提出要坚持系统观念，充分发挥人民政协专门协商机构作用；坚持党的领导、统一战线、协商民主有机结合，更好运用到新时代发展全过程人民民主、加强和改进人民政协的工作实践之中。

把学习研究成果转化为人民政协事业高质量发展的生动实践

习近平总书记关于加强和改进人民政协工作的重要思想，深刻回答了人民政协“是什么”“干什么”“怎么干”等重大理论和实践问题，为新时代人民政协事业发展提供了科学指引。多位与会同志表示，要坚持学以致用、知行合一，从中找遵循、找思路、找方法、找答案，把学习研究习近平总书记重要讲话的成果转化为人民政协事业高质量发展的生动实践。

全国政协委员、中国人民政协理论研究会副会长金学锋说，要把牢正确政治方向，用科学理论凝心铸魂。“要把习近平新时代中国特色社会主义思想作为统揽政协工作的总纲，坚持和完善‘第一议题’制度，及时传达学习贯彻习近平总书记最新重要讲话、重要指示批示精神和党中央重大决策部署，推动各党派团体和各族各界人士进一步实现政治上团结合作、思想上共同进步、行动上步调一致。”

习近平总书记在重要讲话中强调，人民政协要“充分发挥专门协商机构作用，为推进中国式现代化广泛凝聚人心、凝聚共识、凝聚智慧、凝聚力量”。

近年来，一些地方政协在实践中逐步探索出网络议政、“界别同心汇”“政协委员工作室”等创新履职工作形式，政协协商的参与开放性不断增强，云上交换意见、线上碰撞思维，有利于及时达成共识。

在会上，与会同志介绍了广东的实践探索：广东省政协指导每个专门委员会打造一个协商品牌，实现“一委一品”；各专门委员会每年承办10次“主席·委员专家深聊会”，组织委员和专家学者、行业代表进行小范围深入协商……

持续关注数字化发展的全国政协委员、新大陆科技集团董事长王晶，也看到了以数字化赋能人民政协履职能力建设的可能。“充分利用大数据、云计算、人工智能等数字技术分析热点词频、观点聚类、印象表达并生成数字画像，为政协精准识别民生痛点、减少服务供给错位提供可能，全方位提升政协履职水平和绩效，不断延伸协商民主的深度与广度。”王晶说。

全国政协委员、重庆市政协副主席丁时勇认为，要充分发挥政协委员主体作用，强化知情明政工作，提升政协委员在专门协商机构的履职能力，“政协委员参与协商，要了解‘外情’、知晓‘上情’、掌握‘下情’。其中，掌握‘下情’是基础中的基础”。

掌握国家方针政策，把握群众所思所想所盼，人民政协和政协委员的履职工作就有了落脚点。

全国政协农业和农村委员会副主任、中国人民政协理论研究会副会长叶冬松表示，“无论是发展协商民主还是加强文化建设，都要紧扣推进中国式现代化这一鲜明主题。要聚焦进一步全面深化改革、推动高质量发展等重点要点，紧盯群众关切热点难点，形成资之有效、行之有用的协商成果，巩固心往一处想、劲往一处使的生动局面”。

全国政协港澳台侨委员会副主任、香港新时代发展智库主席屠海鸣认为，要充分发挥港澳台和海外统战工作争取人心作用，彰显人民政协统战组织优势。把握好“说”与“做”的关系，既要针对港澳台侨人士做好服务工作，更要讲好“中国故事”，引导他们树立正确认知。既要“说得对”，主动发声、及时发声，也要“说得好”。

“人民政协只有始终胸怀大局、把握大势，引导各党派团体和各族各界人士团结一心、共谋发展，才能更好彰显政协工作的意义和价值。”全国政协委员、宁夏回族自治区政协主席陈雍建议，通过健全务实、高效、管用的制度体系，进一步拓展有序政治参与，促进科学决策、有效施策，在聚焦党和国家中心任务履职尽责中展现政协新作为。

…………

孙丽芳、李文章、李贻伟、马奔等多位与会同志在书面发言中提出，要优化重点协商方案生成机制研究，全链条提高协商质量；要加强人民政协反映社情民意、联系群众、服务人民机制建设，要全力打造“委员服务中心”履职服务综合平台，搭建“百姓提案”征集平台，探索政协协商同基层协商协同配合的新形式；要在组织与制度建设、协商能力提升以及协商文化建设等方面形成积极溢出效应，更有效地推动国家治理体系和治理能力现代化。

准备充分、交流深入；气氛热烈、成果丰硕。学习的目的在于运用，理论研究的目的在于指导实践。与会政协委员和有关专家学者一致表示，将持续深入学习贯彻习近平总书记在庆祝中国人民政治协商会议成立75周年大会上的重要讲话精神，把科学理论的真理力量转化为推动实践发展的强大动力，努力推动新时代人民政协事业高质量发展。